MICROECONOMICS

MICROECONOMICS

MICROECONOMICS

MICROECONOMICS

미시경제학
연습문제 해답집

이경원 | 이상규 | 정인석

法 文 社

머리말

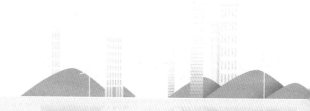

　이 책은 이경원, 이상규, 정인석 공저 『미시경제학』의 각 장에 수록된 연습문제들을 모아서 장별로 문제에 이어 해답을 수록하고 있다. 이경원 외 2인 공저 『미시경제학』에서 각 장별로 중요한 개념마다 한 문제씩 제시하여 독자들이 책의 내용을 잘 이해하였는지 점검할 수 있도록 연습문제들을 구성하고, 그 개념들에 대한 이해도를 높이도록 해답을 제시하였다. 그리고 미시경제학을 배운 학생들은 이경원 외 2인 공저 『미시경제학』을 읽지 않았더라도 자신이 미시경제학의 중요개념들을 잘 이해하고 있는지 점검하고 이해도를 높일 수 있도록, 독자적인 완결성을 갖춘 연습문제-해답집을 만들려고 노력하였다. 그리고 이러한 점검과 이해를 가능케 하기 위해 구체적인 함수나 수치들이 해답으로 제시되도록 대부분의 문제들을 구성하였다.

　『미시경제학』과 함께 『연습문제 해답집』이 별책으로 출판될 수 있도록 많은 도움을 주신 법문사의 사장님, 편집부의 노윤정 차장님, 영업부의 김성주 과장님께 감사를 드린다.

　끝으로 이 책이 독자들이 미시경제학에 대한 이해를 높이는 데 도움이 되기를 바란다.

2023년 8월

저자들

차 례

연습문제 해답집

2

소비집합과 예산집합

2-1 두 종류의 상품이 존재한다. 다음 각각의 경우에 대하여 예산선을 그리시오. 가로축, 세로축의 절편, 예산선의 기울기도 구하시오.

(a) $p_1 = 5$, $p_2 = 2$, $I = 100$

(b) $p_1 = 2.5$, $p_2 = 2$, $I = 100$

(c) $p_1 = 5$, $p_2 = 1$, $I = 100$

(d) $p_1 = 2.5$, $p_2 = 1$, $I = 100$

(e) $p_1 = 5$, $p_2 = 2$, $I = 200$

(f) $p_1 = 10$, $p_2 = 4$, $I = 100$

(g) $p_1 = 5$, $p_2 = 2$, $I = 50$

답 예로 (a), (b) 두 가지 경우만 그려보면 아래와 같다. 아래 그림에서 굵은 선은 (a)의 예산선, 검은색 가는 선은 (b)의 예산선을 나타낸다.

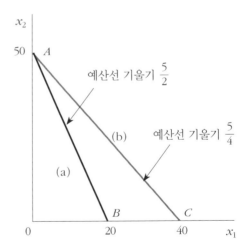

2-2 두 종류의 상품이 존재한다. $p_1 = 5$원, $p_2 = 4$원, $I = 300$원이다. 다음 각각의 경우에 대하여 예산선을 그리시오. 가로축, 세로축의 절편, 예산선의 기울기도 구하시오.

(a) (종량세, quantity tax) 상품 1을 한 단위 소비할 때마다 3원의 세금을 지불하여야 한다면 예산선이 어떻게 변하는지 그리시오.

(b) (종가세, ad valorem tax) 상품 1을 한 단위 소비할 때마다 20%의 세금을 지불하여야 한다면 예산선이 어떻게 변하는지 그리시오.

(c) (정액세, lump-sum tax) 소득에 대하여 10%의 세금을 부과한다면 예산선이 어떻게 변하는지 그리시오.

(d) (종량보조금, quantity subsidy) 상품 1을 한 단위 소비할 때마다 1원의 보조금을 지원하여 준다면 예산선이 어떻게 변하는지 그리시오.

(b) (종가보조금, ad valorem subsidy) 상품 1을 한 단위 소비할 때마다 20%의 보조금을 지불하여야 한다면 예산선이 어떻게 변하는지 그리시오.

(c) (정액보조금, lump-sum subsidy) 100원을 기본소득으로 보조하여 준다면 예산선이 어떻게 변하는지 그리시오.

답 세금을 부과하는 (a), (b), (c) 세 가지 경우만 그려보면 다음과 같다. 보조금 부과의 경우는 음($-$)의 세금으로 이해하면 예산선을 용이하게 도출할 수 있다.

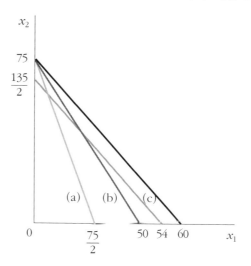

2-3 (할당, rationing) 두 종류의 상품이 존재한다. $p_1 = 5$원, $p_2 = 4$원, $I = 500$원이다. 상품 1의 소비량은 50개 이하로 한정되어 있을 경우 예산집합을 그리시오.

🅐 아래 그림의 사각형 $ABC0$이 예산집합이 된다.

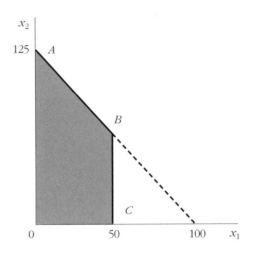

2-4 두 종류의 상품이 존재한다. 상품 1은 여가 시간이고 상품 2는 복합재이다. 하루 24시간은 여가 시간으로 사용하거나 일을 하는데 사용한다. 시간당 임금은 20,000원이고 복합재의 단위당 가격은 10,000원이다. 소비자가 8시간을 초과하여 일을 하면 초과 시간당 50%의 추가 임금을 받는다. 총 임금소득이 280,000원을 초과하면 초과소득에 대해서 50%의 근로소득세를 지불하여야 한다. 예산선을 그리시오. 가로축, 세로축의 절편, 예산선의 기울기도 구하시오.

🅐 아래 그림의 굵은 직선이 예산선이다. l은 여가시간, x는 복합재 소비를 나타낸다.

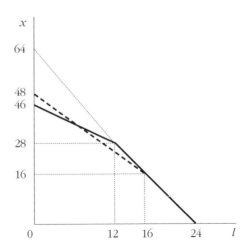

2-5 전화회사가 전화서비스의 기본료는 인상하고 1분당 통화료는 인하하였다. 그 결과 매월 500분 통화를 하는 소비자에게는 전화료에 변동이 없었다. x_1을 전화사용량, x_2를 복합재의 소비량이라 할 때 예산집합이 어떻게 변하는지를 그림을 그려 설명하시오.

답 아래 그림의 선분 ABC는 기본료와 통화료가 변하기 이전의 예산선이고 선분 ADE는 기본료와 통화료가 변한 후 예산선을 나타낸다. x_1은 통화시간, x_2는 복합재 소비량을 나타낸다.

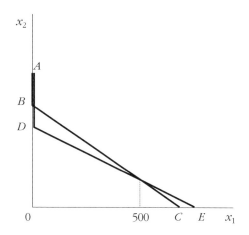

3

선호와 효용함수

3-1 효용효함수 $u = u(x_1, x_2)$를 강증가함수 $f : \mathbb{R} \to \mathbb{R}$로 강증가변환시켜 함수 v를 도출하였다. 다음을 증명하시오.

    (a) 함수 v도 효용함수가 됨을 증명하시오. (즉, 함수 u가 표현하는 선호관계를 함수 v도 표현할 수 있다는 것을 증명하시오.)

    (b) 상품묶음 $x = (x_1, x_2)$에서 효용함수 u와 v의 상품 1에 대한 상품 2의 한계대체율이 동일함을 증명하시오.

답 (a) 임의의 두 상품묶음을 $x = (x_1, x_2)$, $y = (y_1, y_2)$라고 하자. 함수 $u(x_1, x_2)$는 주어진 선호관계 $\succsim$를 표현하는 효용함수이므로 $x \succsim y \Leftrightarrow u(x) \geq u(y)$가 성립한다. 함수 $v(x_1, x_2)$가 주어진 선호관계 $\succsim$를 표현하는 효용함수가 되기 위해서는 $x \succsim y \Leftrightarrow v(x) \geq v(y)$가 성립함을 보여야 한다.

이는 다음과 같이 증명할 수 있다. 함수 v는 함수 u를 강증가함수 f로 강증가변환한 함수이다. 즉 $v = f \circ u$이다. 따라서 $v(x) = f(u(x)) > f(u(y)) = v(y)$가 성립한다. 그러므로 함수 v도 주어진 선호관계 $\succsim$를 표현하는 효용함수가 된다.

(b) $v(x) = f(u(x))$이므로 $\dfrac{\partial v}{\partial x_i} = f' \dfrac{\partial u}{\partial x_i}$. 따라서 다음이 성립한다.

$$MRS_{12}^v(x) = \frac{MU_1^v(x)}{MU_2^v(x)} = \frac{f' \dfrac{\partial u}{\partial x_1}}{f' \dfrac{\partial u}{\partial x_2}} = \frac{MU_1^u(x)}{MU_2^u(x)} = MRS_{12}^u(x).$$

3-2 다음 문장이 참인지 거짓인지를 답하시오. 만약 거짓이라면 그 이유나 예를 간략히 쓰시오.

    (a) 선호가 완비성, 이행성, 단조성, 강볼록성, 연속성을 만족하면 소비자의 최적 선택점에서 무차별곡선과 예산선은 항상 접하게 된다.

    (b) 선호가 단조성을 만족하면 무차별곡선은 우하향한다.

    (c) 만족도가 다른 두 무차별곡선은 항상 교차하지 않는다.

    (d) 효용함수로 표현될 수 있는 선호체계는 항상 완비성과 이행성을 만족한다.

    (e) 선호 $\succsim$가 이행싱을 만족하면 $x \sim y$, $y \sim z \Rightarrow x \sim z$이 성립한다.

    (f) 한계대체율이 체감하면 한계효용도 체감한다.

답 (a), (b), (f): 거짓. 예는 생략.

(c) [단 선호가 이행성을 충족할 경우], (d), (e): 참

3-3 효용함수가 $u(x_1, x_2) = \max\{x_1, x_2\}$로 주어져 있다.
(a) 무차별지도를 그리고, 만족도의 증가 방향을 화살표로 표시하시오.
(b) 위의 효용함수로 표현되는 선호체계는 완비성, 이행성, 단조성, 볼록성, 연속성을 만족하는지를 보이시오.

답 (a)

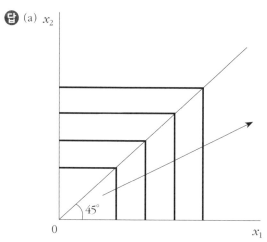

(b) 완비성, 이행성, 약단조성, 연속성은 만족하지만 강단조성, 볼록성은 만족하지 않는다.

3-4 효용함수가 $u(x_1, x_2) = \sqrt{x_1 x_2}$로 주어져 있다. 무차별지도를 그리고, 만족도의 증가 방향을 화살표로 표시하시오.

답

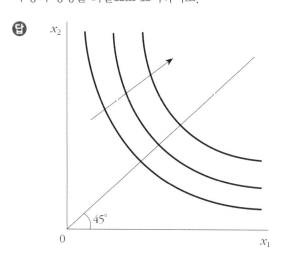

3-5 상품묶음 $x=(x_1,\ x_2)$에서 $MRS(x)<\dfrac{p_1}{p_2}$가 성립할 경우, 효용을 극대화하기 위해서는 어떻게 하여야 하는지를 자세히 서술하시오. (단, $x_1>0,\ x_2>0$)

답 교재 본문의 [그림 3-18]과 pp. 62~63의 내용 참조

3-6 효용함수가 $u(x_1,\ x_2)=\min\{2x_1,\ x_2\}+\min\{x_1,\ 2x_2\}$로 주어져 있다.
(a) 무차별곡선을 정확하게 그리고 효용의 증가방향을 표시하시오. (Hint: x_1과 x_2의 대소 관계를 3가지 경우로 구분하여 무차별곡선 도출)
(b) 위의 효용함수로 표현되는 선호체계는 이행성을 만족하는지를 보이시오.

답 (a)

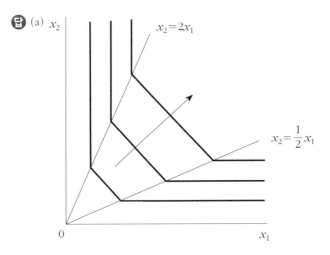

(b) 위의 그림을 활용하여 증명.

4

소비자의 최적 선택과 수요

4-1 다음 문장이 참인지 거짓인지를 답하시오. 만약 거짓이라면 그 이유나 예를 간략히 쓰시오.

(a) 보상수요곡선은 항상 우하향한다.

(b) 철수는 쌀과 라면 두 상품만 소비하며, 라면은 기펜재이다. 만약 소득은 이전과 동일하고 두 상품의 가격이 모두 두 배로 상승하면 라면의 소비는 감소한다.

(c) 선호가 변하지 않고 동일하게 유지될 경우, 2개의 서로 다른 소득소비곡선은 서로 만나지 않는다. (여기서 2개의 서로 다른 소득소비곡선이란 가격이 각각 (p_1, p_2), (p_1', p_2')로 주어진 경우의 소득소비곡선을 말한다.)

(d) 영희는 매년 100개의 사과를 소비한다. 만약 사과의 가격이 10원 상승하고 다른 상품의 가격, 소득, 선호는 변하지 않는다면 영희는 이전에 비해 다른 상품의 소비에 매년 1,000원을 더 적게 지출한다.

(e) "한계대체율이 체감하면 한계효용도 체감한다."는 명제가 참인지 거짓인지를 설명하시오.

답 참: (a), (c).
거짓: (b), (d), (d)

4-2 효용함수가 $u(x_1, x_2) = ax_1 + bx_2$, a, $h > 0$로 주어진 경우 상품 1의 수요함수 $x_1(p_1, p_2, I)$를 도출하고, 그래프로 그려 보시오.

답 본문의 [그림 4-9] 완전대체적 효용함수의 수요곡선을 나타내는 그림 (b) 참조.

4-3 효용함수가 $u(x_1, x_2) = \max\{x_1, x_2\}$로 주어져 있다. 상품 2의 수요함수를 도출하고, 그래프로 그려 보시오.

답 p_1, $p_2 > 0$이라 하자.

(i) $\dfrac{p_1}{p_2} < 1$이면 $x_2(p_1, p_2, I) = 0$

(ii) $\dfrac{p_1}{p_2} > 1$이면 $x_2(p_1, p_2, I) = \dfrac{I}{p_2}$

(i) $\dfrac{p_1}{p_2} = 1$이면 $x_2(p_1, p_2, I) = 0$ 또는 $x_2(p_1, p_2, I) = \dfrac{I}{p_2}$

따라서 수요함수의 그래프는 다음과 같다.

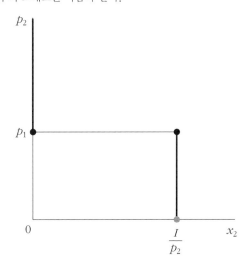

4-4 준선형 효용함수 $u(x_1, x_2) = a\sqrt{x_1} + b\sqrt{x_2}$, $a, b > 0$의 무차별곡선을 그리시오. 또한 상품 1에 대한 소득효과(income effect)가 0임을 보이시오.

답

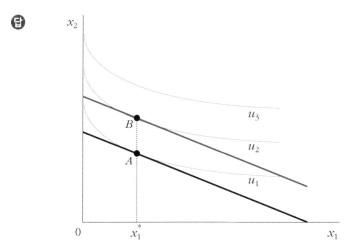

준효용함수의 특성에 따라 한 무차별곡선을 상하로 수직 이동한 것이 무차별지도가 된다. 따라서 검은색 예산선이 주어진 경우 효용을 극대화하는 최적점은 A이며, 가격은 전과 동일하며 소득이 증가하여 예산선이 회색으로 이동한 경우 효용을 극대화하는 최적점은 점 A를 수직이동시킨 점 B가 된다. 따라서 소득이 변해도 상품 1의 소비량은 전과 동일하게 되며, 그 결과 상품 1에 대한 소득효과는 0이 된다.

4-5 효용함수가 $u(x_1, x_2) = \sqrt{x_1 x_2}$로 주어져 있다. 상품 1과 상품 2의 가격은 $(p_1, p_2) = (4, 1)$, 소득 I는 40이다.

(a) 각 상품의 수요함수를 도출하고, 효용을 극대화하는 각 상품의 최적 소비량 x_i^*를 구하시오.

(b) 소득-소비곡선을 구하고 그래프를 그리시오.

위 문제에서 상품 1의 가격은 1로 하락하고, 상품 2의 가격과 소득은 이전과 동일하다고 하자.

(c) 1)에서 도출한 수요함수를 활용하여 효용을 극대화하는 각 상품의 최적 소비량 x_i'을 구하고, 각 상품의 가격효과의 크기를 구하시오.

(d) 슬루츠키 보상을 할 경우 각 상품의 대체효과의 크기를 구하시오.

답 (a) 효용극대화의 1계 필요조건은 한계대체율(MRS)과 상대가격 $\dfrac{p_1}{p_2}$이 일치하는 것이다. (2계 충분조건의 성립 여부는 각자 확인)

$$MRS_{12}(x) = \frac{MU_1}{MU_2} = \frac{x_2}{x_1} = 4 = \frac{p_1}{p_2}$$

따라서 $x_2 = 4x_1$.

이를 예산제약식 $4x_1 + x_2 = 40$과 연립하여 풀면 $x_1 = 5$, $x_2 = 20$.

(b) 소득이 I인 경우 $x_1 = \dfrac{I}{8}$, $x_2 = \dfrac{I}{2}$이므로 소득-소비곡선의 식은 $x_2 = 4x_1$이 된다. (그림은 생략)

(c) $MRS_{12}(x) = \dfrac{MU_1}{MU_2} = \dfrac{x_2}{x_1} = 1 = \dfrac{p_1}{p_2}$로부터 $x_2 = x_1$이 성립한다. 이를 예산제약식 $x_1 + x_2 = 40$과 연립하여 풀면 $x_1 = 20$, $x_2 = 20$. 따라서 상품 1과 상품 2의 가격효과는 각각 $\Delta x_1^p = 20 - 5 = 15$, $\Delta x_2^p = 20 - 20 = 0$이 된다.

(d) 변한 가격 변한 가격 $(p_1', p_2) = (1, 1)$에서 예전의 상품묶음 $(x_1^*, x_2^*) = (5, 20)$을 소비하기 위한 슬루츠키 보상을 할 경우 필요한 소득은 25가 된다. 따라서 가격이 $(p_1', p_2) = (1, 1)$, 소득 I는 40인 경우 효용을 극대화하는 상품묶음을 구하면 $x_1 = \dfrac{25}{2}$, $x_2 = \dfrac{25}{2}$. 따라서 상품 1과 상품 2의 대체효과는 각각 $\Delta x_1^s = \dfrac{25}{2} - 5 = \dfrac{15}{2}$, $\Delta x_2^s = \dfrac{25}{2} - 20 = -\dfrac{15}{2}$가 된다.

4-6 효용함수가 $u(x_1, x_2) = \min\{2x_1, x_2\} + \min\{x_1, 2x_2\}$로 주어져 있다.

(a) $p_1 > p_2$인 경우 소득-소비곡선을 도출하고, 상품 1과 상품 2가 정상재임을 설명하시오.

(b) 가격-소비곡선을 그리고, 상품 1의 수요함수를 정확하게 도출하시오.

(c) 각 상품의 가격은 $p_1 = 1$, $p_2 = 2$, 소득은 $I = 40$으로 주어져 있다. 상품 1의 가격이 $p_1' = 4$로 인상될 경우, 대체효과와 소득효과에 의한 상품 1의 변화량을 구하시오. (단 슬루츠키 보상을 한다고 가정)

답 참고. 주어진 효용함수의 무차별지도는 연습문제 (3-6)을 참조

(a) $\dfrac{p_1}{p_2} < 1$이므로 효용극대화 상품묶음은 직선 $x_2 = \dfrac{1}{2}x_1$과 예산선(또는 무차별곡선)이 교차하는 점이 된다. 따라서 가격−소비곡선은 직선 $x_2 = \dfrac{1}{2}x_1$이 된다. 따라서 소득이 증가함에 따라 각 상품은 수요량은 증가하므로 두 상품은 모두 정상재이다.

(b) 예산선 $p_1 x_1 + p_2 x_2 = I$와 가격−소비곡선 $x_2 = \dfrac{1}{2}x_1$의 교점을 구하면 상품 1의 수요함수는 $x_1^* = \dfrac{I}{p_1 + \dfrac{p_2}{2}}$이 된다.

(c) $p_1 = 1$, $p_2 = 2$, $I = 40$인 경우 효용을 극대화하는 각 상품의 최적 소비량은 $x_1^* = 20$, $x_2^* = 10$이다. 상품 1의 가격이 $p_1' = 4$으로 인상되면 효용을 극대화하는 각 상품의 최적 소비량은 $x_1' = 5$, $x_2^* = 10$이다. 따라서 슬루츠키 보상을 위한 소득은 $p_1' x_1^* + p_2 x_2^* = 4 \times 20 + 2 \times 10 = 100$이 된다.

$p_1' = 4$, $p_2 = 2$, $I = 100$인 경우 효용을 극대화하는 각 상품의 최적 소비량은 $x_1'' = \dfrac{25}{2}$, $x_2'' = 25$이다. 따라서 슬루츠키 보상을 할 경우 대체효과와 소득효과는 다음과 같다.

$$\Delta x_1^S = x_1'' - x_1^* = \frac{25}{2} - 20 = -\frac{15}{2}, \quad \Delta x_1^I = x_1' - x_1'' = 5 - \frac{25}{2} = -\frac{15}{2}$$

4-7 수요함수가 비선형인 경우 수요의 자기 가격탄력성을 그림을 이용하여 도출하는 방법을 서술하여 보시오.

답 수요함수가 비선형인 경우 수요의 자기 가격탄력성을 구하고자 하는 특정한 점에서 수요곡선에 접하는 직선을 그리고, 이 직선이 새로운 수요곡선이라 상정하여 그 점에서 수요의 자기 가격탄력성을 도출하면 된다. 예를 들어 수요함수가 다음의 그림과 같은 경우를 상정하여 보자.

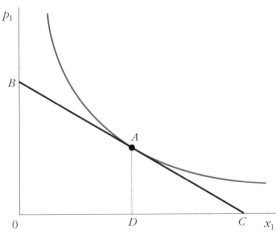

수요곡선이 회색 선과 같이 비선형으로 주어져 있고 점 A에서 수요의 가격탄력성을 구하고자 할 경우, 우선 점 A에서 수요곡선에 접하는 직선을 도출한다, 위 그림에서는 검은색 직선이 된다. 이 검은색 직선을 수요함수라 상정하고 점 A에서 수요의 자기 가격탄력성을 구하면 된다. 따라서 수요의 자기 가격탄력성은 $\dfrac{BA}{AC}$가 된다.

4-8 김 대리의 효용함수는 $u(x_1, x_2) = \min\{x_1, x_2\}$이다. 김 대리의 월 소득은 15,000원이다. 상품 1의 가격은 100원이고 상품 2의 가격도 100원이다. 어느 날 김 대리는 근무지가 변경되어 다른 도시로 이사를 가야만 하게 되었다. 근무지가 변경되어도 김 대리의 월 소득은 15,000원으로 전과 동일하다. 하지만 이사 가는 도시의 상품 1의 가격은 100원이고 상품 2의 가격은 200원이다.

(a) 이사 전, 김 대리의 상품 1, 상품 2의 최적 소비량을 각각 구하고, 이를 무차별곡선, 예산선을 이용하여 그림으로 표현하시오. 이때 김 대리의 효용수준을 구하시오.

(b) 이사 후, 김 대리의 상품 1, 상품 2의 최적 소비량을 각각 구하고, 이를 무차별곡선, 예산선을 이용하여 그림으로 표현하시오. 이때 김 대리의 효용수준을 구하시오.

(c) 김 대리가 직면하고 있는 상황에서 동등변환이 의미하는 바가 무엇인지를 쓰고, 동등변환의 값을 구하시오.

(d) 김 대리가 직면하고 있는 상황에서 보상변환이 의미하는 바가 무엇인지를 쓰고, 보상변환의 값을 구하시오.

답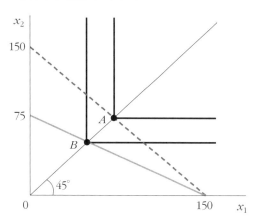

(a) 이사 가기 전 김 대리의 효용극대화의 최적점은 검은색 무차별곡선과 회색점선 예산선이 만나는 점 A이다. 따라서 $x_1^* = x_2^* = 75$이며, 효용수준은 $u^* = 75$이다.

(b) 이사 후 김 대리의 효용극대화의 최적점은 검은색 무차별곡선과 회색 예산선이 만나는 점 B이다. 따라서 $x_1' = x_2' = 50$이며, 효용수준은 $u' = 50$이다.

(c) 동등변환은 $EV = e(p_1^*, p_2^*, u) - e(p_1, p_2, u)$로 정의된다.
$$e(p_1^*, p_2^*, u) = 100 \times 50 + 100 \times 50 = 10,000$$
$$e(p_1', p_2', u) = 100 \times 50 + 200 \times 50 = 15,000$$
따라서 동등변환은 −5,000이 된다.

(d) 보상변환은 $CV = e(p_1^*, p_2^*, u^*) - e(p_1, p_2, u^*)$로 정의된다.
$$e(p_1^*, p_2^*, u^*) = 100 \times 75 + 100 \times 75 = 15,000$$
$$e(p_1', p_2', *) = 100 \times 75 + 200 \times 75 = 22,500$$

따라서 동등변환은 −7,500이 된다.

4-9 상품 1은 열등재, 상품 2는 정상재이다. 상품 2의 가격은 변하지 않고 상품 1의 가격이 p_1^*에서 p_1'으로 상승할 때, 상품 1의 마샬수요곡선, 힉스 보상수요곡선, 슬루츠키 보상수요곡선을 그려 보시오.

답 본문 p.93의 [그림 4−22]의 (a)를 참조하여 상품 1이 열등재일 경우, 마샬수요곡선 D^M, 힉스 보상수요곡선 D^H, 슬루츠키 보상수요곡선 D^S을 그려보면 아래와 같다.

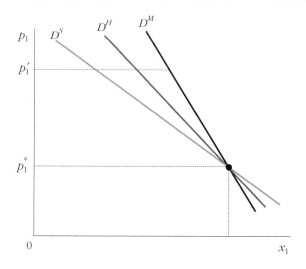

4-10 m가지 상품이 존재한다. 각각의 상품의 지출액이 소득에서 차지하는 비중으로 각각의 재화의 소득탄력성을 가중평균하여 합하면 1이 됨을 보이시오. (즉 $\sum_{i=1}^{M} \frac{p_i x_i}{I}\eta_i = 1$, 여기서 p_i는 상품 i의 가격, x_i는 상품 i의 소비량, I는 소득, η_i는 상품 i의 수요의 소득탄력성을 나타낸다.) 따라서 만약 상품이 2가지만 존재하는 경우, 상품 1이 열등재이면 상품 2는 사치재(수요의 소득탄력성이 1보다 큰 상품)임을 보이시오.

답 예산제약식 $p_1 x_1 + p_2 x_2 + \cdots + p_m x_m = I$의 각 항을 소득 I에 대하여 편미분하면 다음과 같다.

$$p_1 \frac{\partial x_1}{\partial I} + p_2 \frac{\partial x_2}{\partial I} + \cdots + p_m \frac{\partial x_m}{\partial I} = 1$$

각 항에 $\frac{x_i}{I}\frac{I}{x_i}$, $i = 1, 2, \cdots, M$을 곱하면 다음 식을 얻을 수 있다.

$$\frac{p_1 x_1}{I}\frac{\partial x_1}{\partial I}\frac{I}{x_1} + \frac{p_2 x_2}{I}\frac{\partial x_2}{\partial I}\frac{I}{x_2} + \cdots + \frac{p_M x_M}{I}\frac{\partial x_M}{\partial I}\frac{I}{x_M} = 1$$

$\frac{\partial x_i}{\partial I}\frac{I}{x_i} = \eta_i$이므로 $\sum_{i=1}^{M} \frac{p_i x_i}{I} - 1$를 얻을 수 있다.

만약 상품 1이 열등재라면 $\eta_1 = \frac{\partial x_1}{\partial I}\frac{I}{x_1} < 0$이므로 $\eta_2 > 1$이 되어야 한다.

소비자 선택의 응용

5-1 다음 문장이 참인지 거짓인지를 답하시오. 만약 거짓이라면 그 이유나 예를 간략히 쓰시오.

(a) 각 기간의 소득은 외생적으로 주어져 있는 2기간 소비 모형에서 철수는 1기에 저축을 하고 있다고 하자. 만약 이자율이 하락하면 철수는 여전히 저축을 한다.

(b) 여가와 소득이 모두 정상재라고 하자. 만약 정부가 소득세를 10% 부과하면 노동시간은 감소한다.

🅐 (a): 거짓, 본문 [그림 5-11] 참조

(b): 거짓, 본문 [그림 5-3]을 참조, (힌트) 정부의 소득세 부과는 시간 당 임금의 감소와 동일한 효과를 발생시킴

5-2 [그림 5-2]에서 여가가 열등재일 경우, 비근로 소득의 증가가 소비자의 여가시간에 미치는 효과를 분석해 보시오.

🅐 여가가 열등재이면 비근로 소득의 증가는 여가의 소비를 감소시키게 된다. 따라서 노동시간은 증가하게 된다.

5-3 철수의 노동공급 결정 모형이 다음과 같이 주어져 있다. 철수는 24시간을 여가(R) 또는 노동(L)에 사용한다. 시간당 임금은 1로 주어져 있다. 비근보 소득은 없으며, 근로소득은 소비(C)에 사용한다. 소비(C) 1단위의 가격은 1로 주어져 있다. 철수의 선호는 $u(C, R) = C \times R$로 표현된다.

(a) 철수의 무차별곡선과 예산집합을 그리고, 최적선택 R, C를 구하시오.

이제 정부가 철수에게 다음과 같이 근로소득세를 부가한다고 하자. 근로소득이 4보다 적으면 소득세율은 0이고, 근로소득이 4보다 크거나 같으면 소득세율은 50%이다.

(b) 위와 같이 근로소득세를 부과할 경우 철수의 무차별곡선과 예산집합을 그리고, 최적선택 R, C를 구하시오. 최적노동시간(C)은 근로소득세 부

과 이전과 비교하여 어떻게 변하는가? 철수로부터 받은 정부의 조세수입 (T)은 얼마인가?

이번에는 정부가 철수에게 다음과 같이 근로소득세를 부과한다고 하자. 위의 (b)에서 철수로부터 거두어들인 조세 수입과 동일한 액수 T를 정액세로 철수에게 부과한다고 하자.

(c) 위와 같이 근로소득세를 부과할 경우 철수의 무차별곡선과 예산집합을 그리고, 최적선택 R, C를 구하시오. 최적노동시간(C)은 근로소득세 부과의 경우와 비교하면 어떻게 변하는가?

(d) 철수의 효용은 근로소득세 부과의 경우와 정액세 부과를 비교할 때 어떤 경가 더 큰가?

답 (a) $R^* = C^* = L^* = 12$ ([그림 1] 참조)

(b) $R' = 14$, $C' = 7$, $L' = 10$, $T' = 3$ ([그림 1] 참조)

[그림 1] 비례 근로세 부과

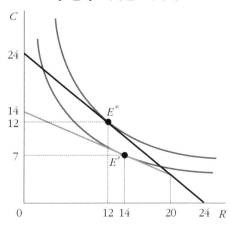

[그림 2] 정액세 부과

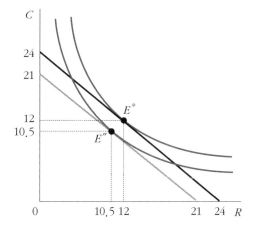

(c) $R'' = 10.5$, $C'' = 10.5$, $L'' = 13.5$, $T'' = 3$ ([그림 2] 참조)

(d) 조세가 없는 경우 효용 $u^* = 12 \times 12 = 144$

　　비례근로세가 있는 경우 효용 $u' = 14 \times 7 = 98$

　　정액세가 있는 경우 효용 $u'' = 10.5 \times 10.5 = 110.25$

5-4 [그림 5-3]에서 시간 당 임금 상승에 따른 여가의 가격효과를 대체효과와 소득효과로 분류하여 보시오.

답 아래 그림에서 시간 당 임금이 ①번 선에서 ②번 선으로 증가한 경우, 여가의 소비는 l^*에서 l'으로 감소하였다. 따라서 시간 당 임금 상승에 따른 가격효과는 $l' - l^*$가 된다. 한편 ①번 선에서 ③번 선으로 상대가격의 증가에 따른 대체효과는 $l'' - l^*$가 된다. 소득이 ③번 선에서 ②번 선으로 증가함에 따른 소득효과는 $l' - l'' > 0$이다.

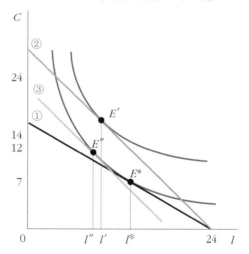

5-5 당첨될 확률은 1/4이고, 당첨되면 100원을 주며 당첨되지 않으면 0원을 주는 A라는 복권이 있다. B는 금액이 25원인 확실한 자산이라고 하자. 영희가 확실한 자산으로부터 누리는 효용은 $v(x) = \sqrt{x}$라고 하자.

(a) 복권 A의 기대값과 기대효용을 구하시오.

(b) 영희의 위험에 대한 태도가 위험기피적임을 보이시오.

(c) 복권 A의 기대효용과 동일한 효용수준을 누리도록 보장해 주는 확실한 소득액수를 구하시오.

(d) 영희는 복권 A와 확실한 자산 B 중에서 어느 것을 더 선호하는지와 그 이유를 간략히 쓰시오.

답 (a) $E(A) = \frac{1}{4} \times 100 + \frac{3}{4} \times 0 = 25$

$U(A) = \frac{1}{4}v(100) + \frac{3}{4}v(0) = \frac{\sqrt{100}}{4} + \frac{3\sqrt{0}}{4} = \frac{5}{2}$

(b), (d) 영희는 복권 B를 선택하면 확실하게 25원을 받고 효용이 5가 된다. 복권 A 와 B는 기대금액이 25로 동일하지만 영희의 기대효용은 복권 B를 선택하면 5, 복권 A 를 선택하면 $\frac{5}{2}$가 된다. 이는 복권 A, B는 기대수익은 25로 동일하지만 복권 A에는 위 험이 내포되어 있고, 복권 B는 위험이 없다는 차이점이 있다. 영희는 기대수입이 같은 경우 위험이 없는 복권 B를 위험이 존재하는 복권 A보다 더 선호하며 따라서 영희는 위험기피자이다.

(c) $U(A) = \frac{5}{2}$이므로 동일한 효용수준을 누리도록 보장해 주는 확실한 소득액수는 $\sqrt{x} = \frac{5}{2}$를 풀어 구할 수 있다. 따라서 $x = \frac{25}{4}$가 된다.

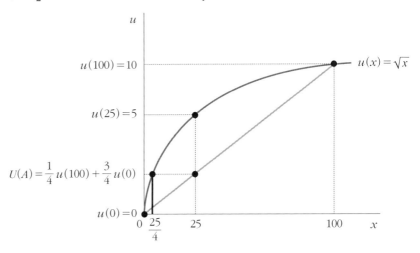

5-6 소비자의 효용함수가 $u(c_1, c_2) = 2c_1 + c_2$일 때, 조삼모사(朝三暮四)에 대하 여 논하시오.

📝 $c = (c_1, c_2) = (1, 2)$, $c' = (c_1', c_2') = (2, 1)$이라고 하자. c는 아침에 바나나 1개, 저녁에 바나나 2개를 주는 상품묶음이며, c'은 아침에 바나나 2개, 저녁에 바나나 1개 를 주는 상품묶음이라 해석해 보자. 효용함수가 $u(c_1, c_2) = 2c_1 + c_2$이므로 $u(c) = 4$이 고 $u(c') = 5$이다. 따라서 효용함수가 $u(c_1, c_2) = 2c_1 + c_2$와 같이 주어진 경우에는 상 품묶음 c'을 c보다 더 선호하게 된다. 이처럼 소비자의 효용함수의 형태에 따라 조삼모 사의 우화는 성립하기도 하고, 그렇지 않기도 하다.

5-7 [그림 5-9]에서 이자율 상승에 따른 1기 소비의 변화를 대체효과와 소득효과 로 구분하여 보시오.

📝 이는 앞서 제4장에서 학습한 문제와 유사하므로 4장의 [그림 4-21] 등을 참조

5-8　이자율 상승에 따른 1기 소비의 대체효과는 항상 0보다 작거나 같음을 증명하시오. 즉, 1기 소비의 대체효과를 Δc_1^s라고 하면 $\frac{\Delta c_1^s}{\Delta r} \leq 0$임을 증명하시오.

답 이는 앞서 제4장에서 학습한 문제와 유사하므로 4장의 4.3 슬루츠키 방정식 부분을 참조

5-9　본 교재는 불확실성 하에서 소비자의 최적 선택의 문제를 화재보험의 예를 들어 설명하였으며 그 과정에서 소비자는 위험기피적이라고 가정하였다. 지금까지 학습한 화재보험의 예에서 만약 소비자는 위험중립적이고 보험은 공정한(fair) 경우, 기대효용을 극대화하기 위해서는 어떤 보험을 구매해야 하는지 서술하시오.

답 위험중립자의 경우 효용함수는 직선이 되므로 보험이 공정하다면 어떠한 보험에 가입해도 기대효용은 동일해진다.

6

생산과 비용

6-1 왜 임의의 두 등량곡선은 교차할 수 없는지를 설명하시오.

🅐 소비자이론의 무차별곡선의 경우와 마찬가지이다. 두 등량곡선이 교차하면 한 요소묶음이 다른 요소묶음보다 모든 요소의 양이 크면서 같은 양을 생산하는 두 요소묶음이 존재한다. 이것은 단조성을 위배하므로 모순이다. 따라서 두 등량곡선을 교차할 수 없다.

6-2 한계기술대체율이 체감함에도 불구하고 비용극소화의 최적선택에서 모서리해의 경우 $MRTS$와 요소가격비율이 같지 않을 수 있음을 그림으로 보이시오.

🅐

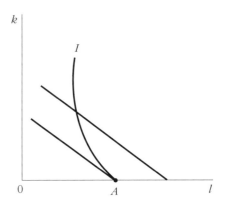

주어진 생산량에서의 등량곡선이 그림의 I이고, 직선은 등비용선이라 하자. 이 경우 비용극소화 점은 A가 되는데, 이때의 한계기술대체율과 요소가격비율이 다르다. 즉, $MRTS > \dfrac{w}{r}$ 이다.

6-3 노동과 로봇이 생산요소로 투입되는 자동차 생산기업의 경우 한계대체율이 체감하는 등량지도를 그리시오. 노동의 생산성은 동일하지만 기술의 발전으로 로봇의 성능이 좋아졌다면 등량지도의 모양이 어떻게 바뀌겠는가?

🅐 노동을 수평축, 로봇을 수직축으로 할 때, 로봇의 한계생산이 증가하므로 임의의 점에서 등량곡선의 기울기의 절대값은 감소한다.

6-4 생산함수가 $q=l^{\frac{2}{3}}+k^{\frac{2}{3}}$ 이다.

(a) 이 기술의 규모에 대한 수익은 어떠한가?

(b) 임의의 요소묶음 $(l,\ k)$에서의 한계기술대체율을 구하시오. 한계기술대체율은 체감하는가?

(c) $q=40,\ w=30,\ r=10$ 일 때 각 요소의 장기조건부수요와 장기비용을 구하시오.

답 (a) 임의의 $\alpha>1$에 대해서 $f(\alpha l,\ \alpha k)=\alpha^{\frac{2}{3}}l^{\frac{2}{3}}+\alpha^{\frac{2}{3}}k^{\frac{2}{3}}=\alpha^{\frac{2}{3}}(l^{\frac{2}{3}}+k^{\frac{2}{3}})=\alpha^{\frac{2}{3}}f(l,\ k)$이고, $\alpha^{\frac{2}{3}}<\alpha$이므로 규모수익 체감이다.

(b) $MRTS=\frac{MP_L}{MP_K}=(\frac{k}{l})^{\frac{1}{3}}$이며, 이것은 $\frac{k}{l}$이 감소함에 따라 감소하므로 한계기술대체율이 체감한다.

(c) 비용극소화의 해에서는 $MRTS=\frac{w}{r}$와 $q=l^{\frac{2}{3}}+k^{\frac{2}{3}}$가 성립해야 한다. 그러므로 $(\frac{k}{l})^{\frac{1}{3}}=3$, $40=l^{\frac{2}{3}}+k^{\frac{2}{3}}$을 풀면 $l=8,\ k=216$. 장기비용은 $C=30\times8+10\times216=2,400$

6-5 노동과 자본이 요소인 어떤 기업의 생산함수가 $q=\sqrt{lk}$이다.

(a) 자본이 $\bar{k}$인 단기 상황에서 노동의 단기조건부수요를 구하시오. 노동의 가격은 w, 자본의 가격은 r이다. 이때의 생산량의 함수로서 단기총비용, 한계비용, 평균총비용을 구하시오.

(b) 평균총비용이 최저가 되는 생산량을 구하고 이때의 평균총비용을 구하시오.

(c) 자본도 변동이 가능한 장기 상황에서 각 요소의 장기조건부수요를 구하시오. 이때의 장기비용, 장기한계비용, 장기평균비용을 구하시오.

(d) 단기 한계비용과 평균총비용, 장기 한계비용과 평균비용을 그림으로 나타내시오.

답 (a) $q=\sqrt{\bar{l}k}$이므로 노동의 단기 조건부수요는 $l=\frac{q^2}{k}$이다. 따라서

$$STC=wl+r\bar{k}=\frac{w}{\bar{k}}q^2+r\bar{k}$$

$$SMC=2\frac{w}{\bar{k}}q,\ ATC=AVC+AFC=\frac{w}{\bar{k}}q+\frac{r\bar{k}}{q}$$

(b) ATC를 미분하여 0으로 두면

$$ATC'(q)=\frac{w}{\bar{k}}-\frac{r\bar{k}}{q^2}=0(ATC''>0)$$

ATC가 최저가 되는 생산량은 $\sqrt{\frac{r}{w}}\bar{k}$

이 값에서의 ATC는 $2\sqrt{wr}$

(c) 생산함수로부터 $MP_L = \frac{1}{2}(\frac{k}{l})^{\frac{1}{2}}$, $MP_K = \frac{1}{2}(\frac{k}{l})^{\frac{1}{2}}$이므로, $MRTS = \frac{k}{l}$이다.

$MRTS = \frac{w}{r}$로부터 $k = \frac{w}{r}l$이고, 생산함수 $q = \sqrt{lk}$와 연립하여 풀면, 조건부요소수요는

$$l = \sqrt{\frac{r}{w}}q, \quad k = \sqrt{\frac{w}{r}}q$$

따라서 장기비용, 한계비용, 평균비용은

$$LC = wl + rk = 2\sqrt{wr}\,q$$
$$LMC = LAC = 2\sqrt{wr}$$

(d)

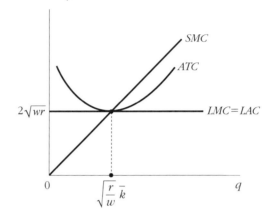

6-6 어떤 자동차회사는 현재 노동자 300명과 로봇 20개를 이용하여 자동차를 생산하고 있다. 매달 노동자 1명의 임금은 200만원이고, 임대하여 사용하는 로봇 1개의 임대료는 500만원이다. 각 요소의 한계생산을 추정한 결과 노동자의 한계생산은 자동차 10대이고, 로봇의 한계생산은 30대이다. 이 기업은 비용을 줄이려면 노동자와 로봇 중에서 어느 요소를 늘리고 어느 요소를 줄여야 하는가?

🅐 $\frac{MP_L}{w} = \frac{10}{200} = 0.05 < 0.06 = \frac{30}{500} = \frac{MP_K}{r}$이므로 노동자를 줄이고 로봇을 늘려야 한다. $MRTS = \frac{MP_L}{MP_K} = \frac{10}{30} = \frac{1}{3}$ 이므로 로봇을 한 개 늘리고 노동자 3명을 줄이면 생산량은 동일하다. 그런데 로봇 한 개 증가로 비용이 500만원 증가하지만 노동자 3명 줄임으로써 600만원이 줄어든다. 따라서 비용이 100만원 절약된다.

6-7 생산함수가 $f(l, k) = \min\{\alpha l, \beta k\}$, $\alpha > 0$, $\beta > 0$인 기업의 장기비용함수을 구하시오.

🅐 $LC = q(\frac{w}{\alpha} + \frac{r}{\beta})$

6-8 생산함수가 $f(l, k) = l^\alpha k^\beta$의 콥−더글라스 함수 함수인 경우 장기비용을 구하시오.

답 $C(q, w, r) = q^{\frac{1}{\alpha+\beta}} B w^{\frac{\alpha}{\alpha+\beta}} r^{\frac{\beta}{\alpha+\beta}}, \ B = (\alpha+\beta) \alpha^{-\frac{\alpha}{\alpha+\beta}} \beta^{-\frac{\beta}{\alpha+\beta}}$

6-9 생산함수가 $q = \min\{10l, 5k\}$인 기업의 경우 다음 질문에 답하시오.
(a) 장기비용, 장기평균비용, 장기한계비용을 구하시오.
(b) $k = 10$일 때, 단기총비용, 단기평균총비용, 단기한계비용을 구하시오.
(c) $w = 3$, $r = 1$일 때, 장기와 단기의 평균비용과 한계비용을 구하시오.

답 (a) $LC = q\left(\dfrac{w}{10} + \dfrac{r}{5}\right)$, $AC = MC = \dfrac{w}{10} + \dfrac{r}{5}$

(b) $q \leq 50$ 일 때, $STC = 10r + w\dfrac{q}{10}$, $SAC = \dfrac{10r}{q} + \dfrac{w}{10}$, $SMC = \dfrac{w}{10}$

(c) 장기평균비용과 한계비용은 $AC = MC - 0.5$이고,

$q \leq 50$ 일 때, $SAC = \dfrac{10r}{q} + 0.3$, $SMC = 0.3$ 이다.

6-10 어떤 기업이 두 공장에서 상품을 생산하고 있다. 각 공장의 생산함수는 $q_1 = \sqrt{l_1 k_1}$, $q_2 = \sqrt{l_2 k_2}$ 이다. 현재 $k_1 = 25$, $k_2 = 100$ 이고, $w = r = 1$이다.
(a) 단기총비용을 q_1과 q_2의 함수로 표현하시오. 임의의 $q = q_1 + q_2$에 대하여, 이것이 최소화되려면 q_1과 q_2는 어떤 관계를 가져야 하는가?
(b) 임의의 q에 대한 단기총비용을 구하시오. 이로부터 단기평균비용, 단기한계비용을 구하시오.
(c) 장기비용, 장기평균비용, 장기한계비용을 구하시오.

답 (a) $SC(q_1, q_2) = 125 + \dfrac{q_1^2}{25} + \dfrac{q_2^2}{100}$이며, $q_1 = 0.25q_2$이어야 한다.

(b) $STC = 125 + \dfrac{q^2}{125}$, $SAC = \dfrac{125}{q} + \dfrac{q}{125}$, $SMC = \dfrac{2q}{125}$

(c) $C = 2q$, $AC = MC = 2$

7

생산물 공급과 요소 수요

7-1 기업이 생산물시장에서 가격수용자인 경우 한계수입이 가격과 같아지는 이유를 설명하시오.

답 수입은 가격과 생산량의 곱이며, 어떤 생산량에서 기업이 생산량을 한 단위 증가시키면 가격이 고정되어 있으므로 수입은 가격만큼 증가한다.

7-2 어떤 기업의 공급함수가 $q=2p$이고 고정비용은 500이며, 가격이 10에서 20으로 상승하였다. 이 기업의 이윤은 얼마나 변하였는가? 생산자 잉여는 얼마나 변하였는가?

답 가격 10과 20에서의 수평선과 공급곡선 사이에 있는 평행사변형의 면적은 600이며, 이것이 이윤 변화의 크기이다. 생산자잉여 변화의 크기도 마찬가지로 600이다.

7-3 기업의 단기총비용이 $C(q)=2q^2+8$인 경우, 평균총비용이 최소가 되는 생산량은 무엇인가? 또한, 이 기업의 단기공급곡선을 구하시오.

답 평균총비용은 $ATC(q)=2q+\dfrac{8}{q}$이며, 이것을 미분하면 $ATC'(q)=2-\dfrac{8}{q^2}$이다. 이것을 0으로 두면 $q=2$가 되고, $ATC''(q)>0$ 이므로, $q=2$가 평균총비용이 최소가 되는 생산량이다. 이 기업의 한계비용은 $MC(q)=4q$이고 평균가변비용($2q$)의 최저값은 0이므로, 이 기업의 단기공급곡선은 $q=\dfrac{1}{4}p$이다.

7-4 기업의 이윤은 단기에는 양(+)일 수도 음(−)일 수도 있지만 장기에는 음(−)일 수 없는 이유를 설명하시오.

답 단기에는 생산여부와 무관하게 고정비용이 발생하지만 장기에는 고정비용이 없으므로 이윤이 음(−)일 수 없다.

7-5 어떤 기업의 장기비용함수가 $LC(q) = q^3 - 40q^2 + 410q$라고 한다. 가격이 얼마일 때 이 기업은 생산을 중단하는가?

답 이 기업의 장기평균비용은 $LAC(q) = q^2 - 40q + 410 = (q-20)^2 + 10$이므로 장기평균비용은 $q = 20$일 때 최소가 되며 그 때의 최소값은 10이다. 따라서 이 기업은 가격이 10보다 작을 때 생산을 중단한다.

전략적 선택

8-1 서로 경쟁하고 있는 기업 1과 2가 있다. 각 기업이 제시할 수 있는 가격은 8 과 20이다. 두 기업이 모두 8의 가격을 제시하면, 각 기업이 얻는 보수는 0이 다. 두 기업이 모두 20의 가격을 제시하면, 각 기업이 얻는 보수는 8이다. 한 기업이 8의 가격을 제시하고, 다른 기업이 20의 가격을 제시하면, 8을 제시한 기업은 15의 보수를 얻고, 20을 제시한 기업은 5의 보수를 얻는다. 각 기업은 동시에 가격을 제시한다.

(a) 이 게임을 정규형으로 표현하시오.

(b) 각 기업의 우월한 전략을 명시하시오.

(c) 순수전략 내쉬균형을 구하시오.

(d) 혼합전략 내쉬균형을 구하시오.

답 (a)

		기업 2	
		8	20
기업 1	8	0, 0	15, 5
	20	5, 15	8, 8

(b) 각 기업의 우월한 전략은 존재하지 않음

(c) 전략프로파일 (8, 8)과 (20, 20)에서 각 기업은 모두 이탈하려 하므로 내쉬균형이 될 수 없다. 전략프로파일 (20, 8)과 (8, 20)에서 각 기업은 이탈하려 하지 않으므로 이 두 전략프로파일들이 순수전략으로 표시된 내쉬균형이다.

(d) 기업 1과 2가 각각 가격 8에 부여할 확률을 p_1과 p_2라 하자. 혼합전략에 따른 기업 1과 2의 기대보수를 E_1과 E_2라 하자. 그러면 $E_1 = p_1[0 \cdot p_2 + 15(1-p_2)] + (1-p_1)[5p_2 + 8(1-p_2)] = 8 - 3p_2 + (7 - 12p_2)p_1$이 된다. $p_2 = \frac{7}{12}$이면 기업 1이 p_1에 어떠한 확률을 부여하더라도 $E_1 = 6.25$로 일정하다. 그러므로 기업 2가 가격 8에 $p_2 = \frac{7}{12}$의 확률을 부여하면, 기업 1이 가격 8에 0에서 1사이 어떠한 확률을 부여하더라도 최적 대응전략이 된다. 그런데 기업 2가 가격 8에 부여하는 확률이 $p_2 > \frac{7}{12}$이면, E_1의 우변에서 $7 - 12p_2 < 0$이 되므로, 기업 1은 가격 8에 0의 확률을 부여하는 것이 최적 대응전략

이다. 이와 반대로, 기업 2가 가격 8에 부여하는 확률이 $p_2 < \dfrac{7}{12}$이면, E_1의 우변에서 $7 - 12p_2 > 0$이 되므로, 기업 1은 가격 8에 1의 확률을 부여하는 것이 최적 대응전략이다. 기업 2의 가격 8에 부여하는 확률 p_2에 대한 기업 1이 가격 8에 부여하는 최적 대응전략 p_1의 관계를 (p_1, p_2) 평면에 그림으로 나타내면, 점선으로 표현된 곡선이다.

이와 유사한 방법으로 기업 1의 가격 8에 부여하는 확률 p_1에 대한 기업 2가 가격 8에 부여하는 최적 대응전략 p_2의 관계를 (p_1, p_2) 평면에 그림으로 나타내면, 직선으로 표현된 곡선이다.

$E_2 = p_2[0 \cdot p_1 + 15(1 - p_1)] + (1 - p_2)[5p_1 + 8(1 - p_1)] = 8 - 3p_1 + (7 - 12p_1)p_2$가 됨을 확인하자.

내쉬균형을 찾는 방법 2에 의하면, 모든 경기자의 최적 대응전략이 동시에 성립하는 전략프로파일이 내쉬균형이므로, 그림에서 기업 1의 최적 대응전략을 나타내는 점선으로 표현된 곡선과 운전자 2의 최적 대응전략을 나타내는 직선으로 표현된 곡선이 만나는 점이 내쉬균형이 된다.

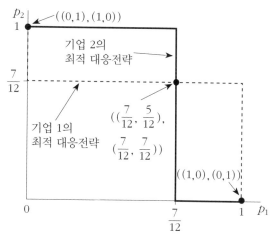

이 게임에서는 그림에 의하면 교점이 세 군데에서 발생된다. 따라서 내쉬균형을 표현하면 다음과 같다. $((0,1), (1,0))$, $((\dfrac{7}{12}, \dfrac{5}{12}), (\dfrac{7}{12}, \dfrac{5}{12}))$, $((1,0), (0,1))$.

8-2 다음의 전개형 게임에 대해 답하시오.

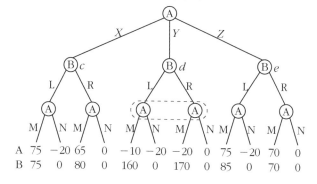

(a) 부분게임의 총 개수를 구하시오.

(b) 마디 c이후의 부분게임에서 부분게임완전균형을 구하시오.

(c) 마디 d이후의 부분게임에서 내쉬균형을 구하시오.

(d) 전체게임의 부분게임완전균형에서 A와 B가 각각 얻는 보수를 구하시오.

답 (a) 8개

(b) (R, M)

(c) (R, N)

(d) 75와 85

전체게임의 부분게임완전균형

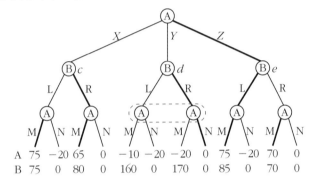

8-3 다음은 두 단계로 구성된 게임이다. 먼저 1단계에서는 기업 1과 2가 담합여부에 대해 동시에 의사결정을 한다. 각 기업의 전략집합은 {담합, 담합 안 함}이다. 두 기업 모두 '담합 안 함'을 선택하면 각 기업이 얻는 보수는 8이다. 한 기업이 '담합'을 선택하고, 다른 기업이 '담합 안 함'을 선택하면, '담합'을 선택한 기업과 '담합 안 함'을 선택한 기업이 얻게 되는 보수는 각각 4과 16이다. 두 기업 모두 '담합'을 선택하면, 아래와 같은 2단계로 넘어간다.

공정거래위원회는 기업의 담합을 조사하여 적발하면 과징금을 부과한다. 그런데 적발할 확률은 p이다. 여기서 $0<p<1$. 공정거래위원회는 담합 기업이 담합을 하고 있음을 자진신고하면 과징금을 감면해주는 제도를 시행하고 있다. 이 제도 하에서 2단계에서 담합에 참여한 두 기업이 직면하는 전략집합은 {자진신고, 침묵}이다. 두 기업이 '침묵'을 선택하고 공정거래위원회의 조사에서 적발되지 않으면 각각 14의 보수를 얻는다. 적발되면 14의 과징금을 받아 각 기업의 보수는 0이 된다. 두 기업이 '자진신고'를 선택하면, 공정거래위원회는 8의 과징금을 부과하여, 각 기업의 보수는 6이다. 한편, 한 기업은 '자진신고'를 선택하고, 다른 기업은 '침묵'을 선택하면, 공정거래위원회는 자진신고한 기업에게 0의 과징금을 부과하고, 침묵한 기업에게 14의 과징금을 부과한다. 이에 따라 '자진신고' 기업의 보수는 14이고, '침묵'한 기업의 보수는 0이다.

(a) 2단계 게임에서 내쉬균형을 구하시오.

(b) 두 단계로 이루어진 이 게임에서 부분게임완전균형을 구하시오.

답 (a) 2단계 게임을 정규형으로 표현하면 다음과 같다.

		기업 2	
		자진신고	침묵
기업 1	자진신고	6, 6	14, 0
	침묵	0, 14	$14(1-p)$, $14(1-p)$

각 기업의 우월한 전략은 '자진신고'이므로, 내쉬균형은 (자진신고, 자진신고)이다.

(b) 2단계 게임의 내쉬균형을 반영한 1단계 게임을 정규형으로 표현하면 다음과 같다.

		기업 2	
		담합	담합 안 함
기업 1	담합	6, 6	4, 16
	담합 안 함	16, 4	8, 8

각 기업의 우월한 전략은 '담합안함'이므로, 내쉬균형은 (담합 안 함, 담합 안 함)이다.

8-4 다음은 경기자 A와 B가 번갈아 가면서 의사결정을 하는데 차수가 진행될수록 두 경기자의 보수의 합이 점차 커지는 상황이다. 부분게임완전균형에서 각 경기자가 얻는 보수를 구하시오.

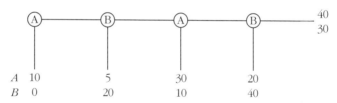

					40
A	10	5	30	20	30
B	0	20	10	40	

답 10과 0

8-5 A와 B 두 기업이 각각 선택할 수 있는 전략집합을 $\{C, D\}$라고 하자. 일회성 게임의 정규형 표현은 다음과 같다.

		B	
		C	D
A	C	3, 3	1, 4
	D	4, 1	2, 2

주: 각 칸의 앞 숫자는 A의 보수, 뒤 숫자는 B의 보수임

(a) 이와 같은 일회성 게임이 100번 반복된다고 하자. 55번째로 반복된 게임에서 각 기업의 부분게임완전균형 전략을 구하시오.

(b) 무한반복게임에서, 잔혹한 전략이 사용된다면, 부분게임완전균형이 (C, C)가 되도록 요구되는 할인인자(discount factor) δ의 최솟값을 구하시오. 여기서 할인인자란 미래에 얻는 보수를 현재 시점에서 평가할 때 할인하는 정도를 말한다. 따라서 할인인자 δ는 $0 \le \delta \le 1$의 크기를 갖는다.

🅐 (a) 이 일회성 게임은 용의자의 딜레마 게임과 동일하다. 따라서 일회성 게임의 내쉬균형은 (D, D)이다. 유한반복게임에서 부분게임완전균형은 각 개별 횟수에서 (D, D)이므로, 55번째로 반복된 게임에서도 각 기업은 D를 선택한다.

(b) [그림 8-6]을 활용하자. 예를 들어, 특정 date를 date 7이라 하자. 그러면 date 7에서 C를 취하면 그 시점에서 3을 얻고, 그 후로도 매 시기에 3을 얻는다. 그런데 미래에 얻는 보수를 특정 시점에서 할인인자를 이용하여 할인하여 평가한다. 따라서 특정 date 바로 다음 date인 date 8에서 얻는 3을 date 7에서 할인하면 3δ로 평가된다. 또한 date 7에서 두 시기가 지난 date 9에서 얻는 3을 date 7에서 할인하여 평가하면 $3 \cdot \delta \cdot \delta = 3\delta^2$이 된다. 이런 할인 방식을 무한히 적용하면 date 7에서 C를 취할 때 얻는 기대보수는 $E(C) = 3 + 3\delta + 3\delta^2 + 3\delta^3 + \cdots = \dfrac{3}{1-\delta}$이다.

반면, date 7에서 D를 취하면 그 시점에서 4를 얻지만, 그 후에는 잔혹한 전략에 의해 영원히 2를 얻게 된다. date 7 이후에 얻는 2는 위와 같은 방식으로 할인되므로, date 7에서 D를 취할 때 얻게 되는 기대보수는 $E(D) = 4 + 2\delta + 2\delta^2 + 2\delta^3 + \cdots = 4 + \dfrac{2\delta}{1-\delta}$이다.

(C, C)가 부분게임완전균형이 되기 위해서는 $E(C) \ge E(D)$가 만족되어야 한다. 이는 $\delta \ge \dfrac{1}{2}$일 때 성립한다. 따라서 할인인자 최솟값은 $\dfrac{1}{2}$이다.

9

완전경쟁시장

9-1 시장수요함수와 시장공급함수가 각각 $q^D = 120 - 2p$와 $q^S = -30 + 3p$인 완전경쟁시장이 있다.

(a) 이 시장의 균형가격과 균형거래량을 구하시오.

(b) 소비자잉여와 생산자잉여를 구하시오.

답 (a) 균형에서 시장수요량과 시장공급량이 일치하므로, $120 - 2p = -30 + 3p$가 만족되어야 한다. 따라서 균형에서 시장가격은 $p^* = 30$, 시장거래량은 $q^* = 120 - 2 \cdot 30 = -30 + 3 \cdot 30 = 60$이 된다.

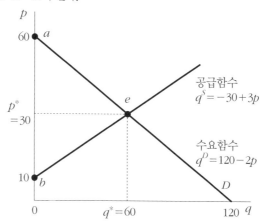

(b) 소비자잉여(CS)는 소비자의 최대 지불용의금액을 나타내는 수요곡선과 시장가격의 차로 정의되므로, 균형에서 거래량 60까지의 소비자잉여는 그림에서 삼각형 aep^*의 면적이다. $CS = \frac{1}{2} \cdot 30 \cdot 60 = 900$이다. 생산자잉여($PS$)는 시장가격과 적어도 받아야 하는 금액인 한계비용을 나타내는 시장공급곡선의 차로 정의되므로, 균형거래량 60까지의 생산자잉여는 그림에서 삼각형 bep^*의 면적이다. $PS = \frac{1}{2} \cdot 2 \cdot 20 \cdot 60 = 600$이다. 소비자잉여와 생산자잉여의 합인 사회후생은 1,500이 된다. 이는 삼각형 abe의 면적과 동일하다.

9-2 완전경쟁시장에서 시장수요함수는 $q = 1000 - 50p$이고 단기비용함수가 $C(q_i) = q_i^2 + 10$인 기업이 100개가 있다. 단, q와 q_i는 각각 시장거래량과 개별 기업

의 생산량을 나타낸다.
(a) 단기의 시장공급함수를 구하시오.
(b) 단기균형에서 시장가격과 시장거래량을 구하시오.
(c) 단기균형에서 사회후생에 대한 소비자잉여의 비중을 구하시오.
(d) 단기균형에서 전체 기업의 생산자잉여와 이윤의 차이를 구하시오.

답 (a) 각 기업의 한계비용은 $MC=2q_i$이므로, 각 기업의 공급함수는 $p=MC$에 의해 $q_i^S=\dfrac{1}{2}p$가 된다. 이러한 기업이 100개가 있으므로, 시장공급함수는 $q(=100q_i^S)=50p$가 된다. 각 기업의 평균가변비용함수(AVC)는 $AVC=q_i$이므로, 개별 기업의 모든 생산량에 대해 MC가 AVC보다 높다.

(b) 균형가격에서 시장수요량과 시장공급량이 일치해야 하므로, $1000-50p=50p$에 의해 $p^*=10$. 이에 따른 균형거래량은 $q^*=500$.

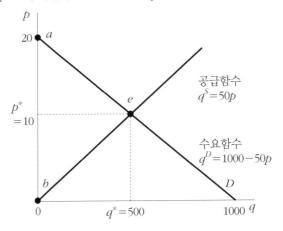

(c) 사회후생은 삼각형 abe의 넓이로 5000. 소비자잉여는 삼각형 aep^*의 넓이로 2500. 따라서 소비자잉여는 사회후생의 50% 비중이다.

(d) 생산자잉여는 삼각형 bep^*의 넓이로 2500. 시장거래량이 500이고 100개의 기업이 있으므로 각 기업은 5를 생산한다. 평균비용함수는 $AC(q_i)=q_i+\dfrac{10}{q_i}$이므로, 개별 기업의 균형생산량 5에서 각 기업의 평균비용은 $AC(q_i=5)=7$이다. 개별 기업의 이윤함수는 $\pi(q_i)=q_i[p-AC]$이므로, 개별 기업의 이윤은 $\pi(q_i=5)=5[10-7]=15$. 기업들 전체의 이윤은 1500. 따라서 차이는 1000.

9-3 완전경쟁시장에서 시장수요함수가 $q=1000-p$이고, 개별 기업 i의 장기비용함수는 $C(qi)=q_i^3-20q_i^2+120q_i$이다. 단, q와 q_i는 각각 시장거래량과 개별 기업의 생산량을 나타낸다.
(a) 장기균형에서 시장가격과 개별 기업의 균형생산량을 구하시오.
(b) 장기균형에서 개별 기업의 평균비용과 한계비용의 차를 구하시오.
(c) 장기균형에서 시장거래량과 기업의 수를 구하시오.

(d) 장기균형에서 사회후생에 대한 소비자잉여의 비중을 구하시오.

답 (a) 장기평균비용함수의 최저점을 구한다. $AC(q_i) = q_i^2 - 20q_i + 120$이므로, 생산량이 10일 때 평균비용의 최솟값은 20이다. 장기에서 시장의 균형가격은 평균비용의 최솟값과 동일하므로, 균형가격은 20이 된다. 평균비용이 20이 되도록 하는 개별 기업의 생산량은 10이다.

(b) $MC = 3q_i^2 - 40q_i + 120$이므로, 균형생산량 10일 때 한계비용은 20이다. 다른 접근으로 한계비용을 구하면, 장기균형에서는 평균비용과 한계비용이 동일하므로 (a)에서 구한 평균비용인 10이 한계비용이다. 따라서 평균비용과 한계비용의 차는 0이다.

(c) 균형가격이 20이므로, 균형거래량은 수요함수를 통해 980임을 알 수 있다. 개별 기업이 10을 생산하므로, 기업의 개수는 98개이다.

(d) 장기균형에서 생산자잉여는 기업의 이윤과 동일하며, 기업의 이윤은 0이므로, 소비자잉여가 사회후생과 동일하다. 따라서 100%.

9-4 효용함수가 $u = x^{\frac{1}{2}} \cdot y^{\frac{1}{2}}$이고 소득이 2000인 A타입의 소비자 100명과 효용함수가 $u = x^{\frac{1}{4}} \cdot y^{\frac{3}{4}}$이고 소득이 2000인 B타입의 소비자 100명이 있다. 이 소비자들은 모두 X재 시장의 수요자들이다. X재 시장은 생산함수가 $x = \frac{1}{100}l^{\frac{1}{2}}k^{\frac{1}{2}}$이고 $w = r = 1$이며 현재 $k = 10000$인 기업 30개가 존재하는 완전경쟁시장이라고 하자. X재 시장가격을 p_X, Y재 시장가격을 p_Y라 하자.

(a) X재 시장의 수요함수를 구하시오.

(b) X재 시장의 단기 공급함수를 구하시오.

(c) X재 시장의 장기 공급함수를 구하시오.

(d) X재 시장의 단기균형에서 가격, 거래량, 개별 기업의 생산자잉여를 구하시오.

(e) X재 시장의 장기균형에서 가격, 거래량, 개별 기업의 생산자잉여를 구하시오.

답 (a) 각 타입의 예산제약하 효용 극대화 문제를 먼저 푼다. A타입 수요자의 $MRS_{XY}^A = \frac{y}{x}$이고, B타입 수요자의 $MRS_{XY}^B = \frac{y}{3x}$. A타입 수요자의 경우, 효용극대화 조건에 의해 $\frac{y}{x} = \frac{p_X}{p_Y}$이고, 이것이 예산제약식 $p_X x + p_Y y = 2000$에도 적용되므로, A타입 수요자의 개인수요함수는 $x_A = \frac{1000}{p_X}$이다. B타입 수요자의 경우, 효용극대화 조건에 의해 $\frac{y}{3x} = \frac{p_X}{p_Y}$이고, 이것이 예산제약식 $p_X x + p_Y y = 2000$에도 적용되므로, A타입 수요자의 개인수요함수는 $x_B = \frac{500}{p_X}$이다. 시장수요량을 X^D로 나타내면 $X^D = 100x_A + 100x_B$이므로, X재 시장의 수요함수는 $x^D = \frac{150000}{p_X}$이다.

(b) 단기에서 자본량 $k = 10,000$으로 고정되어 있으므로, 단기 생산함수가 $x = l^{\frac{1}{2}}$이다. 비용함수는 $C(l,k) = wl + rk$이므로, 단기비용함수는 $C(x) = x^2 + 10000$이 된다. 개별 기

업의 이윤극대화 X재 생산량을 x_i로 나타내면 x_i는 이윤 $p_X x - (x^2 + 10000)$을 극대화하므로, 개별기업의 공급함수는 $x_i = \frac{1}{2} p_X$이다. 시장공급량을 X^S로 나타내면, 30개 기업이 있으므로 $X^S = 30 x_i$이다. 따라서 단기 시장공급함수는 $X^S = 15 p_X$이다.

(c) 장기 생산함수는 $x = \frac{1}{100} l^{\frac{1}{2}} k^{\frac{1}{2}}$이므로, $MRTS = \frac{k}{l}$이다. $w = r = 1$이므로 비용극소화 조건인 $MRTS = \frac{w}{r}$에 의해 $l = k = 100x$가 성립한다. 따라서 장기비용함수는 $C(x) = 200x$가 된다. 장기 평균비용은 생산량에 관계없이 200으로 일정하므로, 시장공급량을 X^S로 나타내면 장기 시장공급함수는 $p_X < 200$이면 $X^S = 0$이고, $X^S = 200$이면 X^S는 0과 ∞ 사이의 어떤 값도 가능하며, $p_X > 200$이면 $X^S = \infty$이다. 다시 말하면, 장기 시장공급곡선이 $p_X = 200$에서의 수평선이 된다.

(d) 단기에는 $X^D = X^S$를 만족하는 p_X의 값인 $p_X^* = 100$이 균형가격이고 이때의 균형거래량은 1,500이다. 단기균형에서 30개의 개별기업은 각 50을 생산하게 되어 수입은 5,000이 되고 가변비용은 2,500이다. 단기에서 생산자잉여는 기업의 수입에서 가변비용을 뺀 것이므로, 개별기업의 생산자잉여는 2,500이 된다.

(e) 장기에는 $X^D = X^S$를 만족하는 p_X의 값인 $p_X^* = 200$이 균형가격이고 이 때의 균형거래량은 750이다. 장기균형에서 개별기업의 이윤과 생산자잉여가 동일하고, 기업의 이윤은 0이므로, 생산자잉여도 0이다.

9-5 개인 수요함수가 $q_j^D = 15 - p$인 소비자가 1000명이 존재하고 생산함수가 $q_i = l^{\frac{1}{2}} k^{\frac{1}{2}}$인 기업이 100개가 존재하는 완전경쟁시장이 있다. 임금과 이자율은 각각 $w = 100$과 $r = 0.36$이다.

(a) 개별 기업들의 자본투입량이 동일하게 $k = 1000$일 때, 단기균형에서 시장가격, 시장거래량, 개별 소비자의 소비자잉여, 개별 기업의 이윤과 생산자잉여를 구하시오.

(b) 장기균형에서 시장가격, 시장거래량, 기업의 수를 구하시오.

답 (a) 우선 비용함수를 구한다. 생산함수가 $q_i = l^{\frac{1}{2}} k^{\frac{1}{2}}$인 기업의 단기노동수요함수는 $l = \frac{q_i^2}{k}$이고, 따라서 단기비용함수는 $C = w \frac{q_i^2}{k} + rk$인데, $k = 1000$, $w = 100$, $r = 0.36$이므로 결국 $C = 360 + \frac{1}{10} q_i^2$이 된다. 따라서 $MC = \frac{1}{5} q_i$이다. 이윤극대화 조건 $p = MC$에서 개별 기업의 단기공급함수는 $q_i^S = 5p$이고, 단기 시장공급함수는 $q^S = 100 q_i^S = 500p$이다. 한편 시장수요함수는 $q^D = 1000 q_j^D = 15000 - 1000p$이므로, 균형가격은 $q^D = q^S$를 만족하는 $p^* = 10$이다. 이때의 균형거래량은 5000이다. 100개의 개별기업은 각 50을 생산한다. 따라서 개별 기업의 이윤은 $pq_i - C = 500 - 610 = -110$이다. 생산자잉여를 구하기 위해서는 가변비용 VC가 필요하다. 비용함수가 $C = 360 + \frac{1}{10} q_i^2$이므로, 가변비용 $VC = \frac{1}{10} q_i^2$이다. 따라서 개별 기업의 생산자잉여는 $pq_i - VC = 500 - 250 = 250$이다. 개인 수요곡선을 그려보면 개별 소비자의 소비자잉여는 12.5임을 알 수 있다.

(b) 생산함수가 $q_i = l^{\frac{1}{2}} k^{\frac{1}{2}}$인 기업의 장기노동수요함수와 장기자본수요함수는 비용극소화 조건인 $MRTS = \dfrac{w}{r}$를 통해 각각 $l = \sqrt{\dfrac{r}{w}} q_i$와 $k = \sqrt{\dfrac{w}{r}} qi$로 도출된다. 따라서 장기비용함수는 $C = wl + rk = 2\sqrt{wr} q_i$인데, $w = 100$이고 $r = 0.36$이므로 결국 $C = 12 q_i$가 된다. 장기평균비용이 생산량에 관계없이 12이므로, $p = 12$이면 개별 기업의 장기공급량은 모든 양이 가능하다. 따라서 장기균형에서 가격은 12이고, 시장거래량은 시장수요함수인 $q^D = 15000 - 1000p$를 통해 3000이다. 개별 기업의 생산량은 특정되지 않으므로, 기업의 수는 완전경쟁시장이 될 만큼 다수이면 된다.

9-6 완전경쟁시장에서 시장수요함수는 $q^D = 100 - 10p$이고 단기비용함수가 $C(q_i) = q_i^2 + 10$인 기업이 20개가 있다. 단, q와 q_i는 각각 시장거래량과 개별 기업의 생산량을 나타낸다. 정부는 거래 한 단위당 세금을 2만큼 소비자에게 부과한다고 하자.

(a) 조세 부과가 없는 경우, 단기균형의 시장가격과 시장거래량을 구하시오.

(b) 조세 부과가 있는 경우, 단기균형에서 소비자가 한 단위 당 지불하는 총 금액과 시장거래량을 구하시오.

(c) 단기균형에서 조세 부과에 의한 소비자와 공급자 각각의 거래 단위당 조세 부담을 구하시오.

(d) 조세 부과로 발생되는 단기균형에서의 사회후생 손실을 구하시오.

답 (a) 개별 기업의 $MC = 2 q_i$이고 이윤극대화 조건에 의해, 개별기업의 공급함수는 $q_i^S = \dfrac{1}{2} p$이다. 20개의 기업이 있으므로, 시장공급함수는 $q^S = 10p$이다. 균형에서 수요량과 공급량 일치에 의해 $100 - 10p = 10p$이므로, 가격은 $p^* = 5$이며, 이에 따른 시장거래량은 $q^* = 50$이다.

(b) 조세가 2만큼 소비자에게 부과되므로, 수요곡선은 2만큼 아래로 이동하게 된다. 이에 따라 세금이 제외된 수요함수는 $q^{DN} = 80 - 10p$이다. 따라서 새로운 거래량은 세금이 제외된 수요곡선과 공급곡선이 교차하는 데서 결정된다. 즉, $q^{DN} = q^S$에 의해 $80 - 10p = 10p$이므로, 소비자가 기업에게 지불하는 금액은 $p_T^F = 4$이며, 이에 따른 거래량은 $q_T = 40$이다. 한 단위 당 세금이 포함된 소비자의 총 지불액은 $p_T^C = 6$이다.

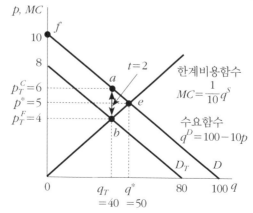

(c) 소비자가 지불하는 금액은 시장가격 4+조세 2이므로 총 6을 거래 단위당 지불한다. 반면 공급자는 시장가격 4를 소비자로부터 받는다. 조세 부과 전 소비자의 지불금액 및 공급자가 받는 금액이 5이었으므로, 조세부과로 각각 1의 부담을 진다.

(d) 사회후생 손실의 크기는 삼각형 abe의 크기인 10이다.

9-7 X재 시장의 시장수요함수는 $q_X^D=100-p$이고, Y재 시장의 시장수요함수는 $q_Y^D=280-4p$이다. 각 시장은 모두 완전경쟁시장이며, 시장공급함수는 $q_X^S=q_Y^S=\frac{2}{3}p$이다.

(a) 균형에서 각 시장의 수요의 가격탄력성을 구하시오.

(b) 생산비용의 상승으로 각 시장의 공급량이 10만큼 감소하여, 시장공급함수가 $q_X^S=q_Y^S=\frac{2}{3}p-10$으로 바뀌었다고 하자. 어느 시장의 균형거래량 감소폭이 더 큰지 확인하고, 각 시장의 수요곡선의 기울기와 관련하여 설명하시오.

답 (a) 각 시장의 균형가격과 거래량은 각각 60과 40이다. 탄력성은 $\varepsilon=-\frac{dq}{dp}\cdot\frac{p}{q}$이므로, 균형에서 X재 시장의 탄력성은 1.5이고, Y재 시장의 탄력성은 6이다.

(b) 새로운 균형거래량은 X재 시장에서 34이고, Y재 시장에서 220/7이다. 수요곡선의 기울기가 상대적으로 완만한 Y재 시장의 감소폭이 더 크다.

9-8 완전경쟁시장의 시장수요함수는 $q=200-2p$이고 시장공급함수는 $q=2p$이다. 소비자에게 거래 건당 20의 조세를 부과한다면 조세가 부과되기 전과 비교할 때 기업의 수입은 얼마나 감소하는가?

답 시장수요함수를 소비자의 최대 지불용의금액으로 표시하면 $p=100-\frac{1}{2}q$가 된다. 20의 조세부과로 소비자의 최대 지불용의금액은 20만큼 감소하게 된다. 따라서 조세부과 후 새로운 최대 지불용의금액은 $p=(100-20)-\frac{1}{2}q$가 된다. 즉, 새로운 시장수요함수는 $q=160-2p$ 이다. 조세부과 전 균형거래량은 100이고 시장가격이 50이므로 기업의 수입은 5000이다. 한편, 조세부과 후 균형거래량은 80이고 시장가격은 60이 되지만 20만큼 세금이므로, 단위당 기업의 수입은 40이다. 따라서 조세부과 후 기업의 수입은 3200이 되어, 조세부과로 기업의 수입은 1800만큼 감소한다.

9-9 완전경쟁시장의 시장수요함수는 $q=1000-50p$이고 개별기업의 단기비용함수는 $C(q_i)=q_i^2+10$이다. q와 q_i는 각각 시장거래량과 개별기업의 생산량이다.

(a) 단기균형생산량에서 개별기업의 한계비용이 10이라면, 개별기업의 생산자잉여와 시장 내 기업의 수의 합을 구하시오.

(b) 정부는 거래 1단위당 2의 세금을 기업에게 부과한다고 하자. 단기균형에서 소비자가 지불하는 가격이 10이라면, 개별기업의 생산자잉여와 시장

내 기업의 수의 합을 구하시오.

답 (a) 개별기업의 한계비용함수는 $MC(q_i)=2q_i$이다. 균형에서 한계비용이 10이므로 개별기업의 생산량은 5이다. 균형에서 시장가격과 한계비용이 일치하므로 시장가격은 10이다. 따라서 시장수요함수에 의해 균형에서 시장거래량은 500이고, 개별기업의 생산량이 5이므로 기업의 수는 100이다. 한편, 개별기업의 생산자잉여는 기업의 이윤에서 고정비용을 더한 것이므로 $10 \times 5 - 5^2 = 25$가 된다. 따라서 답은 125이다.

(b) 균형에서 소비자의 지불가격이 10인데, 10에는 세금 2가 포함되어 있다. 따라서 기업에게 돌아가는 실질가격은 8이다. 개별기업은 이 8과 한계비용이 일치하도록 생산량을 결정한다. 즉, 개별기업은 $8 = MC(q_i) = 2q_i$를 만족시키는 4를 생산한다. 시장수요함수에 의해 시장가격 10에 대한 시장거래량은 500이다. 따라서 이 시장에는 125개의 개별기업이 존재한다. 한편, 개별기업의 생산자잉여는 $8 \times 4 - 4^2 = 16$이 된다. 따라서 답은 141이다.

독점시장

10-1 독점기업의 비용함수는 $c(q)=2q^2+2q+10$이다. 이윤극대화 거래량이 3이고, 수요의 가격탄력성이 15라면, 이윤극대화 가격을 구하시오.

답 $MC(q)=4q+2$이므로, 이윤극대화 생산량 3에서 $MC=14$이다. 러너지수와 가격탄력성과의 관계식 $\dfrac{p-MC}{p}=\dfrac{1}{\varepsilon}$ 에 의해, $\dfrac{p-14}{p}=\dfrac{1}{15}$ 이므로, $p=15$가 된다.

10-2 독점기업의 비용함수는 $c(q)=\dfrac{1}{2}q^2+5$이고, 극대화된 이윤은 19이다. 이윤극대화 생산량에서 수요의 가격탄력성이 2라면, 이윤극대화 생산량을 구하시오.

답 $MC(q)=q$이고, 이윤극대화 생산량에서 수요의 가격탄력성이 2이므로, 러너지수와 가격탄력성과의 관계식 $\dfrac{p-MC}{p}=\dfrac{1}{\varepsilon}$ 에 의해, $\dfrac{p-q}{p}=\dfrac{1}{2}$이다. 이를 통해, $p=2q$를 얻는다. 독점기업의 이윤은 $p(q)q-c(q)$이므로, $2q^2-\dfrac{1}{2}q^2-5$가 된다. 극대화된 이윤이 19이므로, $2q^2-\dfrac{1}{2}q^2-5=19$를 통해, 이윤극대화 생산량 4를 얻는다.

10-3 시장수요함수가 $q=300-p$인 독점시장에서 단일가격을 적용하는 독점기업의 비용함수는 $C(q)=\dfrac{1}{2}q^2$이다.
(a) 독점기업의 한계수입과 한계비용을 구하시오.
(b) 균형가격과 생산량을 구하시오.
(c) 균형에서의 소비자잉여와 사회후생 손실을 구하시오.

답 (a) 가격은 시장수요함수 $p=300-q$에서 정해진다. 따라서 독점기업이 q를 생산하면 그의 수입은 $R=(300-q)q$이므로, 한계수입은 $MR=300-2q$가 된다. 독점기업의 한계비용은 $MC=q$이다.

(b) 독점기업이 이윤을 극대화하는 균형생산량은 $MR=MC$에서 $q=100$이 되고, 균형가격은 시장수요함수에 의해 $p=200$이 된다. 이러한 균형은 시장수요곡선, 한계수입곡선, 한계비용곡선의 그래프를 그려서 구할 수도 있다.

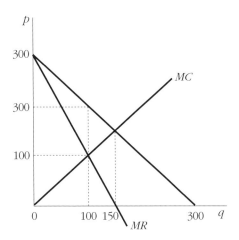

(c) (b)의 그래프를 보면 소비자잉여와 사회후생 손실은 각각 5,000과 2,500임을 알수 있다.

10-4 독점기업은 2개의 공장을 통해 생산한다. 공장 A와 B의 생산량을 각각 q_A와 q_B로 표시한다. 공장 A의 비용함수는 $C_A(q_A)=2q_A+1$이고, 공장 B의 비용함수는 $C_B(q_B)=\dfrac{1}{2}q_B^2+q_B$이다. 각 공장에서 생산된 제품은 동일하여, 소비자는 어느 공장에서 생산된 제품인지 구분하지 않는다. 소비자의 수요함수는 $q=6-p$이다. 독점기업은 단일가격을 적용하여 p는 제품의 시장가격이고, q는 제품의 시장거래량이다. 두 공장에서 공급되므로 $q=q_A+q_B$이다.

(a) 주어진 생산량 q에 대해 비용을 최소화하는 비용함수 $C(q)$와 한계비용함수를 구하시오.

(b) 균형에서 각 공장의 생산량을 구하시오.

(c) 균형에서 시장가격을 구하시오.

🔑 (a) 아래와 같이 두 가지 방법으로 풀 수 있다. 어떤 방법이든 상관없다.

(방법 1) 두 공장 중 비용이 싼 공장에서 생산하는 것이 비용최소화를 달성하는 것이다. 공장 A의 한계비용을 MC_A로 표현하면 $MC_A=2$이다. 이는 공장 A에서 한 단위더 생산을 위해 드는 비용이 2임을 의미한다. 공장 B의 한계비용을 MC_B로 표현하면 $MC_B=q_B+1$이다. MC_A와 MC_B를 비교하자. 먼저 (i) $q_B<1$이면, $MC_A<MC_B$이다. 이는 생산량 $q<1$인 경우에는 공장 B만 가동하는 것이 가장 저렴한 방법임을 의미한다. (ii) $q_B=1$이면, $MC_A=MC_B$이므로, 어느 공장을 가동하건 상관없다. (iii) $q_B>1$이면, $MC_A>MC_B$이다. 이는 공장 B에서는 1이상이 생산되지 않도록 하는 것이 비용최소화하는 방안임을 의미한다.

이상의 내용을 종합하면, 생산량이 $q\le1$인 경우에는 공장 B만 가동한다. 달리 말하면, 생산량이 $q\le1$인 경우, 비용최소화를 달성하는 비용함수는 공장 B의 비용함수와 동일하다. 즉, 생산량이 $q>1$인 경우, $C(q)=\dfrac{1}{2}q^2+q$이다. 한편, 생산량이 $q>1$에 대해서는 생산량 1까지는 공장 B에서 생산하나, 1을 초과하는 생산량에 대해서는 공장 A를 가동하여 비용최소화를 달성할 수 있다. 특히 1을 초과하는 생산량에 대해서 공장 A가 생산하는 생산량은 $q-1$이 된다. 달리 말하면, 생산량이 $q>1$인 경우, 공장 B는 1을 생산하고 초과분에 대해서는 공장 A를 가동한다. 따라서 비용최소화를 달성하는 비용함수는 두 공장의 비용함수를 더한 것과 같다. 즉, 생산량이 $q>1$인 경우, $C(q)=C_A(q-1)+C_B(q_B=1)=2q+\frac{1}{2}$ 이다. 이를 정리하면 아래와 같다.

$$C(q)=\begin{cases} \frac{1}{2}q^2+q & q \leq 1 \\ 2q+\frac{1}{2} & q>1 \end{cases}$$

이에 따라 한계비용함수는 다음과 같다.

$$(q)=\begin{cases} q+1 & q \leq 1 \\ 2 & q>1 \end{cases}$$

(방법 2) 비용함수 $C(q)$는 $C(q)=C_A(q_A)+C_B(q_B)$로 정의되는데, $q=q_A+q_B$이므로, 주어진 생산량 q에 대해 $C(q)$를 최소화하도록 q_A과 q_B를 각 공장에 배분한다. 이를 위해 $q_B=q-q_A$를 이용하여 $C(q)$를 다음과 같이 바꾸어 쓸 수 있다.

$$C(q,\,q_A)=2q_A+1+\frac{1}{2}(q-q_A)^2+(q-q_A)$$

주어진 생산량 q에 대해 비용을 최소화하는 비용함수 $C(q)$를 구하는 것은 주어진 생산량 q에 대해 $C(q,\,q_A)$를 최소화하는 q_A를 결정하는 것과 마찬가지이다. 이를 구하면 $q_A=q-1$이다. q_A는 $q>1$인 경우에만 양($+$)이 되므로, 공장 A가 가동되려면 전체 생산량 $q>1$이어야 한다. 이는 $q \leq 1$의 생산량에 대해서는 공장 B만을 가동하는 것이 비용을 최소화하는 것을 의미한다. $q>1$에 대해 $q_A=q-1$은 $q_B=1$을 의미한다.

즉, $q>1$에 대해, 1까지는 공장 B를 가동하고 1을 초과하는 생산량에 대해서는 공장 A를 가동한다. $C(q,\,q_A)$에 $q_A=q-1$을 대입하면 $2q+\frac{1}{2}$를 얻는다. 따라서 주어진 생산량 q에 대해 비용최소화를 달성하는 비용함수는 다음과 같다.

$$C(q)=\begin{cases} \frac{1}{2}q^2+q & q \leq 1 \\ 2q+\frac{1}{2} & q>1 \end{cases}$$

이에 따라 한계비용함수는 다음과 같다.

$$MC(q)=\begin{cases} q+1 & q \leq 1 \\ 2 & q>1 \end{cases}$$

(b) 아래와 같이 두 가지 방법으로 풀 수 있다. 어떤 방법이든 상관없다.

(방법 1) 각 공장의 생산량을 통해 이윤극대화를 달성하는 점을 활용하는 방법이다. 녹점기업의 이윤함수는 다음과 같다.

$$\pi(q)=(6-q)q-C_A(q_A)-C_B(q_B)=(6-q_A-q_B)(q_A+q_B)-(2q_A+1)-(\frac{1}{2}q_B^2+q_B).$$

그런데 (a)에서 논의한 바와 같이, 생산량 1을 기준으로 공장을 가동하는 방식이 다르다. 이를 반영하여 이윤함수를 다시 쓰면 다음과 같다.

$$\pi(q_A, q_B) = \begin{cases} (6-q_B)q_B - (\frac{1}{2}q_B^2 + q_B) & for\ q \leq 1 \\ [6-(q_A+1)]\ (q_A+1) - (2q_A+1) - \frac{3}{2} & for\ q > 1 \end{cases}$$

먼저, 생산량이 $q \leq 1$인 경우, $\frac{d\pi}{dq_B}=0$을 만족하는 q_B를 찾는다. $q_B=\frac{5}{3}$이다. 하지만, 이는 생산량 조건 $q \leq 1$를 만족하지 않으므로, 이윤극대화 생산량이 되지 않는다.

이제, 생산량이 $q > 1$인 경우, $\frac{d\pi}{dq_A}=0$을 만족하는 q_A를 찾는다. $q_A=1$이다. 이는 $q > 1$인 전체 생산량에서 1을 초과하는 양인 1만 공장 A가 생산하는 것을 의미한다. 따라서 나머지는 공장 B가 생산하는데 그 생산량은 1이 된다. 따라서 $q_A=q_B=1$이다.

(방법 2) 이윤극대화 조건 $MR=MC$를 활용하는 방법이다.

시장거래량 q에 대한 한계수입은 $MR=6-2q$이다. 이윤극대화 조건 $MR=MC$를 만족하는 생산량은 2이다. 왜냐하면, $q \leq 1$의 생산량에 대해 $MR>MC$가 성립하기 때문이다. $q \leq 1$의 생산량에 대해서는 공장 B만을 가동하는 것이 비용을 최소화하는 것이므로, $q_B=1$이고, 나머지 1의 생산량을 공장 A에 배분한다. 따라서 $q_A=1$이다.

(정리) 위의 방법 1과 2에 의하면, 생산량 $q > 1$에 대해, 다음과 같은 관계를 얻는다. $MR=MC_A=MC_B$

(c) 균형에서 전체 공급량이 2이므로, 시장가격은 4이다.

10-5 독점기업의 비용함수는 $C(q)=10q$이고, 수요함수가 $q=110-p$인 소비자가 있다. 독점기업이 이부요금을 사용하여 1급 가격차별을 하는 경우에 이 소비자에게 받을 단위당 가격과 기본요금을 구하시오.

답 이부요금을 통해 이윤극대화를 취하는 방안은 기본료를 부과하지 않고 단위당 가격만 부과하는 경우 발생할 소비자잉여를 최대로 만들어주고 그만큼의 소비자잉여를 기본료 부과를 통해 소비자의 최대 지불용의금액을 받아내는 것이다. 이부요금을 통한 소비자의 총지출액은 $T=p \cdot q+A$로 표시된다. $A=0$일 때 소비자 잉여를 최대로 만들어 주는 단위당 가격은 한계비용으로 가격설정하는 것이다. 한계비용은 10이므로, 단위당 가격 $p=10$으로 설정된다. 이 경우 아래 그림에서와 같이 소비자잉여는 5,000이 되므로, 기본료는 $A=5000$으로 설정한다.

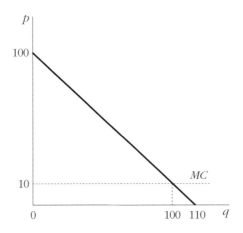

10-6 비용함수가 $C(q) = \frac{1}{2}q^2 + 10q$인 독점기업은 수요함수가 서로 다른 두 소비자 그룹 A와 B에 직면하고 있다. 소비자 그룹 A의 수요함수는 $q_A = 200 - p_A$이고, 소비자 그룹 B의 수요함수는 $q_B = 100 - p_B$이다. q_A와 q_B는 각각 소비자 그룹 A와 B의 수요량을 나타내며, q는 독점기업의 총생산량을 나타낸다. 즉, $q = q_A + q_B$이다. p_A와 p_B는 각각 소비자 그룹 A와 B에 부과되는 가격이다. 독점기업은 3급 가격차별을 시행한다.

(a) 생산량 q가 20일 때, 한계수입을 구하시오.

(b) 생산량 q가 100일 때, 한계수입을 구하시오.

(c) 생산량 q에 대한 한계수입을 구하시오.

(d) 이윤극대화를 달성하는 생산량 q^T를 구하시오.

(e) 이윤극대화를 달성하는 생산량 q^T에 대해 각 소비자 그룹별로 부과되는 가격을 구하시오.

답 (a) 소비자 그룹 A에게 p_A의 가격으로 q_A만큼 팔면 소비자 그룹 A로부터 얻는 수입은 $R_A = p_A q_A$이다. 소비자 그룹 A의 수요함수를 이용하여 소비자 그룹 A로부터 얻는 수입을 다시 쓰면 $R_A = (200 - q_A)q_A$가 된다. 소비자 그룹 A로부터 얻는 한계수입은 $MR_A = 200 - 2q_A$이다. 이와 동일한 방법을 적용하면 소비자 그룹 B로부터 얻는 한계수입은 $MR_B = 100 - 2q_B$이다. 각 소비자 그룹으로부터 얻는 한계수입곡선은 아래의 그림에서 (a)와 (b)로 각각 그려진다.

그런데 생산량이 50이하에서는 항상 $MR_A > MR_B$이다. 이윤극대화를 추구하는 기업은 특정 생산량에서 수입극대화를 달성하도록 배분해야 한다. 총생산량이 50이하인 경우에는 모든 생산량이 소비자 그룹 A에 제공되어야 수입극대화를 달성한다. 따라서 총생산량 q가 20일 때 한계수입은 160이다.

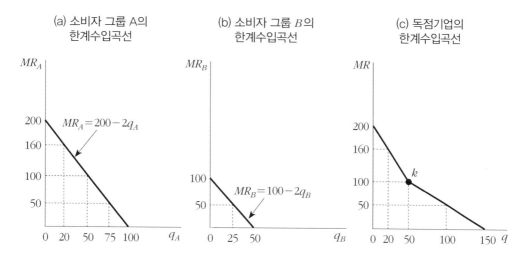

(a) 소비자 그룹 A의 한계수입곡선
(b) 소비자 그룹 B의 한계수입곡선
(c) 독점기업의 한계수입곡선

(b) 총생산량 100에 대해 수입극대화를 달성하도록 각 소비자 그룹에 배분한다. 본문 10.2에서 논의한 바와 같이 $MR_A = MR_B$일 때 수입이 가장 크다. 따라서 (i) $q_A - q_B = 50$을 만족하도록 배분된다. 그런데 총생산량 (ii) $q = q_A + q_B = 100$이다. (i)과 (ii)를 연립하여 풀면, $q_A = 75$와 $q_B = 25$를 얻는다. 따라서 $MR_A = MR_B = MR = 50$이다.

(c) (a)에서 생산량이 50이하인 경우 모든 생산량을 소비자 그룹 A에 배분하므로 이 경우 한계수입은 소비자 그룹 A로부터 얻는 한계수입과 동일하다. 즉, $MR = 200 - 2q$이다.

(b)에서 생산량이 50을 초과하는 경우는 각 소비자 그룹으로부터 얻는 한계수입이 동일하게 배분되어야 한다. 이는 위 그림의 (c)에서 생산량 50 초과에 대해 독점기업의 한계수입곡선은 각 소비자 그룹의 한계수입곡선을 수평으로 합한 것임을 의미한다. 각 소비자 그룹에서 얻는 한계수입이 동일하므로 $MR_A = MR_B = MR$이다. 따라서 소비자 그룹 A로부터 얻는 한계수입은 $MR = 200 - 2q_A$로 표현할 수 있다. 이와 유사하게, 소비자 그룹 B로부터 얻는 한계수입은 $MR = 100 - 2q_B$로 표현된다. 50을 초과하는 생산량 q에 대해 $q = q_A + q_B$이므로, $MR = 150 - q$가 된다. 이를 정리하면 독점기업의 생산량 q에 대한 한계수입은 다음과 같은 식으로 표현된다. 이 식을 그래프로 나타내면 위 그림의 (c)이다.

$$MR(q) = \begin{cases} 200 - 2q & for\ q \leq 50 \\ 150 - q & for\ q > 50 \end{cases}$$

※ 참고로 이상 (a), (b), 그리고 (c)는 다음과 같은 수리적 방법으로 구할 수도 있다. 주어진 생산량 q에 대해 수입극대화를 달성하는 q_A와 q_B를 결정하는 문제로 접근한다.

$$Max_{q_A,\ q_B}\ R(q) = R_A(q_A) + R_B(q_B)\ s.t.\ q = q_A + q_B$$

$q_B = q - q_A$이므로, 수입을 $R(q) = (200 - q_A)q_A + (100 - (q - q_A))(q - q_A)$로 다시 쓸 수 있다. 따라서 수입극대화 문제는 주어진 생산량 q에 대해 수입을 극대화하는 q_A를 결정하는 문제로 다음과 같이 바꾸어 쓸 수 있다.

$$Max_{q_A} \; R(q, q_A) = (200 - q_A)q_A + (100 - (q - q_A))(q - q_A)$$

극대화 조건 $\dfrac{dR}{dq_A} = 100 + 2q - 4q_A = 0$에 의해, $q_A = \dfrac{1}{2}q + 25$가 얻어진다. 이는 생산량 q에 대해 수입을 극대화하려면 생산량의 1/2에 25를 더한 만큼 소비자 그룹 A에 배분해야 함을 뜻한다. 추가로 $q = q_A + q_B$이므로 $q_B = \dfrac{1}{2}q - 25$가 얻어진다. 이는 소비자 그룹 B에 양(+)의 생산량을 배분하기 위해서는 생산량이 50을 초과해야 함을 의미한다. 이는 (a)에서 생산량이 50 이하에서 항상 $MR_A > MR_B$가 성립함과 일맥상통한다.

주어진 생산량 q에 대해 총수입극대화가 달성된 수입함수는 다음과 같다.

$$R(q) = \begin{cases} (200 - q)q & for \; q \leq 50 \\ \left(200 - (\dfrac{1}{2}q + 25)\right) + \left(\dfrac{1}{2}q + 25\right) + \left(100 - (\dfrac{1}{2}q - 25)\right)\left(\dfrac{1}{2}q - 25\right) \\ = -\dfrac{1}{2}q^2 + 150q + 1250 & for \; q > 50 \end{cases}$$

이에 따라 총생산량 q에 대한 한계수입은 다음과 같다.

$$MR(q) = \begin{cases} 200 - 2q & for \; q \leq 50 \\ 150 - q & for \; q > 50 \end{cases}$$

그러므로 $MR(q = 20) = 160$이고, $MR(q = 100) = 50$이다.

(d) 한계비용함수는 $MC(q) = q + 10$이다. 이윤극대화 생산량 q^T에서 $MR(q^T) = MC(q^T)$이므로, 이를 만족하는 생산량은 $q^T = 70$이다.

(e) $q^T = 70 > 50$이므로, 각 소비자 그룹별로 양(+)의 생산량이 분배된다. 그리고 각 소비자 그룹의 한계수입은 일치해야 한다. 따라서 $MR_A = 200 - 2q_A = MR_B = 100 - 2q_B$에 의해 (i) $q_A - q_B = 50$이 얻어진다. 그리고 이윤극대화 총생산량 q^T은 (ii) $q^T = q_A + q_B = 70$를 만족하므로, (i)과 (ii)를 연립하여 풀면, $q_A^T = 60$과 $q_B^T = 10$을 구할 수 있다. 이에 따라 소비자 그룹 A와 B에 부과되는 가격은 각각 $p_A^T = 140$과 $p_B^T = 90$임을 알 수 있다.

■ 아래 내용에 대해 10-7과 10-8에서 답을 구하시오.

> 법문사는 미시경제학 교과서 시장에서 독점사업자이고, 수도권 독자 그룹(T)과 어촌지역 독자 그룹(S)의 수요에 직면하고 있다. T그룹의 수요함수는 $q_T = 200 - p_T$이고 S그룹의 수요함수는 $q_S = 160 - p_S$이다. 법문사의 비용함수는 $C(q) = 40q$이다. q는 총거래량, 즉, $q = q_T + q_S$이다. p_T와 p_S는 각각 소비자 그룹 T와 S에 부과되는 가격이다.

10-7 법문사는 단일가격(uniform pricing)을 적용한다고 하자. 즉, 법문사는 소비자들이 두 그룹으로 구분되더라도 각 그룹에 동일한 가격을 부과한다.

(a) 두 그룹을 모두 고려한 시장수요함수를 구하시오.

(b) 법무사의 이윤극대화 거래량에서 소비자잉여 크기를 구하시오.

답 (a) 각 그룹에 동일한 가격 p가 적용되므로, 각 그룹의 수요함수를 다음과 같이 다시 쓸 수 있다. T그룹의 수요함수는 $q_T=200-p$, S그룹의 수요함수는 $q_S=160-p$. 본문 10.2에서 논의한 방법을 적용하면 가격이 160을 초과하는 경우 S그룹의 수요는 발생하지 않고 T그룹의 수요만 발생하는 반면, 가격이 160이하에서는 두 그룹의 수요가 발생한다. 따라서 시장수요함수는 다음과 같이 표현된다. 단, $q=q_T+q_S$이다.

$$q=\begin{cases}200-p & p>160\text{일 때}\\360-2p & p\leq160\text{일 때}\end{cases}$$

이를 생산량을 독립변수로 그리고 가격을 종속변수로 표현하면 다음과 같다.

$$p=\begin{cases}200-q & q<40\text{일 때}\\180-\dfrac{1}{2}q & q\geq40\text{일 때}\end{cases}$$

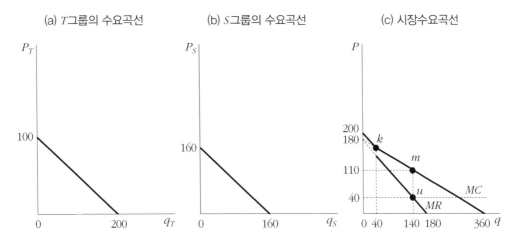

(a) T그룹의 수요곡선   (b) S그룹의 수요곡선   (c) 시장수요곡선

(b) 수요곡선이 거래량 40에서 기울기가 바뀌므로, 한계수입은 다음과 같다.

$$MR=\begin{cases}200-2q & q<40\text{일 때}\\180-q & q\geq40\text{일 때}\end{cases}$$

특히 $MR=MC$를 만족하는 생산량이 80과 140인데, 생산량 조건을 만족하는 이윤극대화 생산량은 140이다. 이에 대응하는 가격은 110이다. 따라서 이윤극대화 생산량 140 중 T그룹에는 90, S그룹에는 50이 거래된다. 이에 따른 T그룹 소비자잉여는 4,050이고 S그룹 소비자잉여는 1,250이므로 전체 소비자잉여는 5,300이다.

10-8 법무사는 소비자의 그룹을 구분할 수 있고, 이윤극대화를 위해 3급가격차별을 사용한다고 하자.

(a) 법무사의 그룹별 이윤극대화 거래량을 구하고, 단일가격을 적용할 때의

거래량과 비교하시오.

(b) 단일가격을 적용하는 경우에 비해, 3급가격차별에 의해 전체 소비자의 소비자잉여는 얼마나 증가 또는 감소하는가?

답 (a) T그룹에서 $MR_T=200-2q_T$이고, S그룹에서 $MR_S=160-2q_S$이므로 3급 가격차별 이윤극대화 조건 식 (10-9)에 의해, $200-2q_T=40$과 $160-2q_S=40$을 만족하는 거래량은 각각 $q_T=80$, $q_S=60$이다. 3급 가격차별이 적용될 때 전체 거래량은 단일가격이 적용될 때의 전체 거래량과 동일하다.

(b) 단일가격을 적용할 때와 비교하면 T그룹과 S그룹의 수요는 각각 10씩 증가와 감소. 이에 따른 T그룹과 S그룹에 대응하는 가격은 각각 120, 100이다. 따라서 T그룹 소비자잉여는 3,200이고 S그룹 소비자잉여는 1,800이므로 전체 소비자잉여는 5,000이다. 단일가격과 비교할 때 소비자잉여가 300만큼 감소한다.

10-9 미시텔레콤은 유일한 통신사업자이고, 시장에는 두 명의 소비자가 있다. 데이터를 많이 사용하는 소비자(H)와 데이터를 적게 사용하는 소비자(L)의 수요에 직면하고 있다. H의 수요함수는 $q_H=200-p_Y$이고 L의 수요함수는 $q_L=160-p_L$이다. 미시텔레콤의 비용함수는 $C(q)=40q$이다. q는 데이터량이며, p는 패킷당 요금이다. 미시텔레콤은 어떤 소비자가 어떤 유형의 소비자인지 구분할 수 없다. 그런데 미시텔레콤은 이부요금형태의 (A, p, q)로 구성된 두 개의 패키지를 메뉴로 제공하여 2급가격차별을 추구한다. A는 기본료이다. 이윤극대화를 추구하는 미시텔레콤이 제시하는 패키지 중 하나의 요금구조를 (7200, 40, 120)으로 설정하고, 다른 하나는 $(A, 40, 160)$라 하자. 예를 들어, 패키지 (7200, 40, 120)은 기본료 7,200이고 단위당 가격 40으로 120까지 데이터를 이용할 수 있는 패키지를 뜻한다. (Hint: 이부요금은 총지불액을 T, 기본료를 A, 패킷당 요금을 p, 데이터이용량을 q로 표현할 때, $T=A+pq$로 표현된다.)

(a) 각 유형의 소비자가 서로 다른 요금구조를 선택하게 하는 A의 최솟값을 구하시오. (단, A는 수렴된 값으로 간주한다.)

(b) 각 유형의 소비자의 데이터 단위당 평균지불액을 비교하시오.

답 (a) 아래 그림을 보면 L소비자는 (7200, 40, 120)의 패키지를 구매할 때 0의 소비자잉여를 얻는다. H소비자는 (7200, 40, 120)의 패키지를 구매한다면, 4,800의 소비자잉여를 얻는다. $(A, 40, 160)$에서 $A>8,000$으로 설정할 때 H소비자가 $(A, 40, 160)$ 패키지를 구매한다면 소비자잉여는 4,800보다 작게 되므로, H소비자는 (7200, 40, 120)의 패키지를 구매하게 된다. 따라서 H소비자가 $(A, 40, 160)$ 패키지를 구매하도록 하기 위한 A의 최솟값은 8,000이다. 반면, L소비자는 (8,000, 40, 160)의 패키지를 구매할 수 없다. 따라서 2급 가격차별이 적용된다.

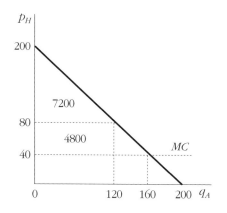

(a) H의 수요곡선

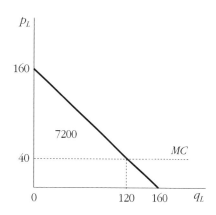

(b) L의 수요곡선

(b) H소비자의 총지불금액은 14,400이다. 160의 데이터를 이용하므로, 데이터 한 단위당 평균 이용금액은 90이다. L소비자의 총지불금액은 12,000이다. 120의 데이터를 이용하므로, 데이터 한 단위당 평균 이용금액은 100이다. 다량의 데이터를 이용하는 소비자의 단위당 지출액이 더 작다.

10-10 파인사과는 휴대폰시장에서 독점사업자이고, 아시아(A)의 수요함수 $q_A = 20 - p_A$와 북아메리카(N)의 수요함수 $q_N = 12 - p_N$에 직면하고 있다. 생산비용함수는 $C(q) = \frac{1}{2}q^2$이며, $q = q_A + q_N$이다. 파인사과는 3급가격차별을 한다.
(a) 균형거래량에서 한계비용을 구하시오.
(b) 최고가격제도가 적용되어, 파인사과는 어떤 지역에도 12를 초과하는 가격을 부과할 수 없다. 아시아의 균형거래량과 북아메리카의 균형거래량의 합을 구하시오.

🅐 (a) 파인사과의 이윤극대화 문제는 다음과 같다.

$$Max_{q_A, q_B}\, \pi(q_A, q_B) = (20 - q_A)q_A + (12 - q_N)q_N - \frac{1}{2}(q_A + q_N)^2$$

한계비용은 $MC = q$이다. 아시아시장에서 $MR_A = 20 - 2q_A$이고, 북아메리카시장에서 $MR_N = 12 - 2q_N$이므로 3급 가격차별 이윤극대화 조건 식 (10-7)에 의해, $20 - 2q_A = q$와 $12 - 2q_N = q$를 동시에 만족하는 생산량은 각각 $q_A = 6$, $q_N = 2$이다. 이에 따라 한계비용은 8이다.

(b) 가격이 12를 초과할 수 없으므로, 12이하의 가격에서는 두 시장 모두 거래가 가능한다. 이에 따라 파인사과의 이윤을 다음과 같이 쓴다.
(i) 아시아시장에 8이하를 할당하는 경우, 즉 $q_A \leq 8$. 이는 아시아시장에서 12의 가격을 부과하는 것을 의미한다.

$$\pi = 12q_A + (12 - q_N)q_N - \frac{1}{2}(q_A + q_N)^2$$

(ii) 아시아시장에 8을 초과하여 할당하는 경우, 즉 $q_A > 8$. 이는 두 시장에서 각 시장의 수요곡선 상에 가격을 부과하는 것을 의미한다.

$$\pi = (20 - q_A)q_A + (12 - q_N)q_N - \frac{1}{2}(q_A + q_N)^2$$

먼저 (ii)는 문제 (a)와 동일하지만 $q_A > 8$가 추가로 요구되고 있다. (a)에서 이윤극대화 문제를 풀어 $q_A = 6$, $q_N = 2$를 얻었으므로, $q_A > 8$의 조건을 충족하지 못한다.

(i)에서 각 시장에 할당하는 판매량에 대해 이윤의 변화를 살펴보면 다음과 같다.

$$\frac{d\pi}{dq_A} = 12 - (q_A + q_N)$$

$$\frac{d\pi}{dq_N} = 12 - 2q_N - (q_A + q_N) = 12 - q_A - 3q_N$$

$\frac{d\pi}{dq_A} = 12 - (q_A + q_N)$에서 $q_A \leq 8$가 요구되므로 $q_N < 4$로 설정하는 한 $\frac{d\pi}{dq_A} > 0$이다. 이는 $q_A \leq 8$ 구간에서는 q_A를 증가시킴에 따라 이윤이 커지는 것을 의미하므로, q_A를 가장 크게 설정하는 것이 이윤을 극대화시키는 것이다. 즉, $q_A = 8$.

또한 $\frac{d\pi}{dq_N} = 12 - q_A - 3q_N$에서 $q_A = 8$일 때 $q_N = \frac{4}{3}$인 경우 $\frac{d\pi}{dq_N} = 0$가 된다.

이상을 종합하면, 각 시장에 대한 이윤극대화 생산량은 $q_A = 8$, $q_N = \frac{4}{3}$가 되어 두 시장의 거래량 합은 $\frac{28}{3}$이다. 극대화된 이윤의 크기는 $\frac{200}{3}$이다.

10-11 노동의 한계수입생산이 $MRP_L = 300 - L$인 수요독점기업이 있고, 개인의 노동공급함수가 $l = \frac{1}{100}w$인 노동자들이 100명이 있다.

(a) 시장의 노동공급함수와 수요독점기업의 한계요소비용을 구하시오.

(b) 노동시장의 균형임금과 노동공급자의 생산자잉여를 구하시오.

답 (a) 개인이 100명 있으므로 개인의 노동공급량을 100명 합한 것이 시장공급량이다. 따라서 시장의 노동공급함수는 $L = 100l = w$이다. 수요독점기업은 가격책정자로 자신이 수요하는 노동량에 대응하는 시장노동공급함수 상에 임금을 설정한다. 이는 시장노동공급함수에 의해 $w(L) = L$로 표현된다. 이에 따라 수요독점기업이 노동을 L만큼 고용할 때 총요소비용은 $C(L) = w(L) \cdot L + \bar{r} \cdot \bar{k} = L^2 + \bar{r} \cdot \bar{k}$가 되므로 노동의 한계요소비용은 $MFC_L = 2L$이 된다.

(b) 수요독점 기업이 이윤을 극대화하는 균형고용량은 $MRP_L = MFC_L$에서 $L^M = 100$이 되고 균형임금은 노동의 시장공급곡선에 의해 $w^M = 100$이 된다. 이러한 균형은 노동의 한계수입생산곡선, 시장공급곡선, 한계요소비용곡선의 그래프를 그려서 구할 수도 있다. 그리고 그래프를 그려보면 노동공급자의 생산자잉여가 $100 \times 100 \times \frac{1}{2} = 5,000$임을 알 수 있다.

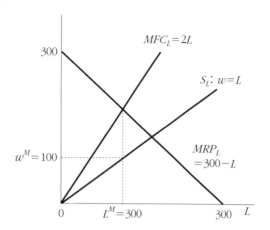

10-12 생산함수가 $q=L$이고 생산물시장에서 독점이면서 노동시장에서 수요독점인 기업이 있다. 생산물시장의 수요함수와 노동시장의 공급함수는 가각 $q=100-p$와 $L=\frac{1}{2}w$이다.

(a) 노동의 한계수입생산(MRP_L)과 노동의 한계요소비용(MFC_L)을 구하시오.
(b) 노동시장의 균형임금과 기업의 노동수요에 대한 소비자잉여를 구하시오.
(c) 생산물시장의 균형가격과 기업의 생산물 공급자로서 생산자잉여를 구하시오.
(d) 노동시장에서 사회후생 손실을 0으로 하는 최저임금을 구하시오.
(e) 노동시장에서 사회후생 손실을 0으로 하는 최저임금이 적용될 때, 생산물시장에서 소비자잉여를 구하고, 노동시장에서 최저임금이 적용되지 않을 때의 소비자잉여와 비교하시오.

답 (a) 생산물시장의 수요함수에 의해 시장가격은 $p=100-q$이므로, 수입은 $R=(100-q)q$이다. 그런데 $q=L$이므로 수입을 노동투입량의 함수로 나타내면 $R=(100-L)L$이 되고 노동의 한계수입생산은 $MRP_L=100-2L$이 된다. 노동의 공급함수에 의해 임금은 $w=2L$이므로, 노동비용은 $w\cdot L=2L^2$가 되어 노동의 한계요소비용은 $MFC_L=4L$이 된다.

(a) 노동시장 균형

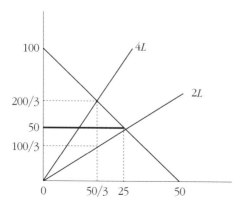

(b) 생산물시장 균형

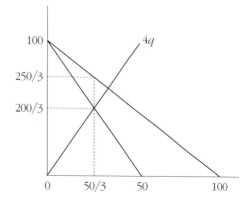

(b) 수요독점기업이 이윤을 극대화하는 노동투입량은 노동의 한계수입생산 $MRP_L=100-2L$과 노동의 한계요소비용 $MFC_L=4L$이 일치하는 고용량이므로, $L^M=\frac{50}{3}$이 된다. 그리고 균형임금은 노동공급곡선에서 $w^M=2L^M=\frac{100}{3}$이 된다. 노동의 한계수입생산곡선, 노동의 공급곡선, 노동의 한계요소비용곡선을 그려보면 이 기업의 소비자잉여가 $\frac{100}{3}\times\frac{50}{3}\times\frac{1}{2}+\frac{100}{3}\times\frac{50}{3}=\frac{2500}{3}$임을 알 수 있다.

(c) 고용량이 $L^M=\frac{50}{3}$이므로 이윤극대화 생산량은 생산함수에 의해 $q^M=\frac{50}{3}$이다. 생산물시장의 수요함수에 의해 시장가격은 $p^M=\frac{250}{3}$이다. 생산함수에 의해 $MC=4q$가 되므로 생산물시장에서 생산자잉여는 노동시장의 소비자잉여와 동일하게 $\frac{250}{3}\times\frac{50}{3}\times\frac{1}{2}+\frac{50}{3}\times\frac{50}{3}=\frac{2500}{3}$임을 알 수 있다.

(d) 노동시장에서 사회후생 손실이 0이려면 시장수요곡선 $MRP_L=100-2L$과 시장공급곡선 $w=2L$이 교차해야 한다. 즉, $100-2L=2L$이 만족되어야 하며, 이를 충족시키는 노동량은 25이다. 임금은 공급곡선에서 결정되므로, 이를 달성하기 위해 최저임금은 50이 된다.

(e) (d)에서 최저임금은 50이므로 고용량은 25가 된다. 생산함수에 의해 생산물시장에서의 생산량은 25이다. 이에 따라 시장가격은 75가 된다. 소비자잉여는 $25\times25\times\frac{1}{2}=312.5$가 된다. 노동시장에 최저임금이 적용되지 않는 경우, 생산물시장에서 거래량과 시장가격은 각각 $\frac{50}{3}$과 $\frac{250}{3}$이므로, 최저임금이 적용될 때 보다 거래량이 적고 시장가격은 높다. 따라서 수요독점의 노동시장에서 최저임금 적용은 생산물시장에서 소비자잉여 증대를 가져온다.

10-13 생산물시장에서는 독점이고, 노동시장에서 수요독점인 기업의 생산함수는 $q=l$이다. 생산물시장의 수요함수와 노동시장의 공급함수는 각각 $q=120-p$와 $l=2w$이다. 생산물시장과 노동시장에서 각각 단일가격이 적용된다. 자본비용은 0이다.

(a) 생산물시장과 노동시장에서 균형이 달성된 상태를 고려한다. 이 기업의 마진율을 구하시오.

(b) 수요독점의 노동시장은 균형에서 비효율이 발생된다. 노동시장의 사회후생을 증대시키기 위해 최저임금제를 도입하고자 한다. 정책 목적을 달성하기 위한 최저임금의 최댓값을 x, 최솟값을 y라 할 때, $x-y$를 구하시오. 단, 최댓값과 최솟값은 각각 수렴된 값으로 간주한다. 예를 들어, $1.9999\ldots \rightarrow 2$이다.

답 (a) 기업은 생산물시장에서 독점이므로 생산물시장에서 생산량 결정을 통한 가격설정자다. 기업은 노동시장에서 수요독점이므로 노동시장에서 노동량 결정을 통한 임금설정자이다. 생산물시장과 노동시장에서 균형이 달성되었다는 것은 기업이 각 시장에서 가격설정자와 임금설정자로서 이윤극대화를 달성하고 있음을 의미한다.

기업의 이윤은 다음과 같이 표현된다.

$$\pi = p(q)q - w(l)l = (120-q) \cdot q - \frac{1}{2}l \cdot l$$

여기서 $(120-q) \cdot q = $ 생산물시장에서 수입, $\frac{1}{2}l \cdot l = $ 노동시장에서 총요소비용

먼저, 노동시장에서의 임금설정자로서의 의사결정을 살펴본다.

생산함수 활용하여 기업의 이윤극대화 문제를 다시 표현하면 다음과 같다.

$$\max_l \pi(l) = (120-l) \cdot l - \frac{1}{2}l \cdot l$$

$$\frac{d\pi}{dl} = 120 - 2l - l = 0$$

$$l^M = 40$$

이를 생산물시장에서의 가격설정자로서의 의사결정에 대한 문제로도 살펴볼 수 있다.

생산함수의 역함수 활용하여 기업의 이윤극대화 문제를 다시 쓰면 다음과 같다.

$$\max_q \pi(q) = (120-q) \cdot q - \frac{1}{2}q \cdot q$$

$$\frac{d\pi}{dq} = 120 - 2q - q = 0$$

$$q^M = 40$$

한편, 기업의 비용함수도 생산함수를 이용하여 다음과 같이 쓸 수 있다.

$$C(q) = \frac{1}{2}q^2 \rightarrow MC(q) = q$$

$q^M = 40$일 때 $p^M = 80$

$$\text{마진율} = \frac{p-MC}{p} = \frac{80-40}{80} = \frac{1}{2}$$

(b) 노동시장에 주목한다.

노동시장 수요곡선은 기업이 노동시장에서 가격(= 임금)수용자라면 주어진 임금과 고용수요량 간의 관계를 나타내는 곡선을 나타내는데 기업의 다음과 같은 이윤극대화 문제를 통해 얻어진다.

$$\pi(l) = (120-l) \cdot l - w \cdot l$$

이를 통해 $MRP_L(l) = 120 - 2l = w$

한편, 노동시장 공급곡선은 $w = \frac{1}{2}l$.

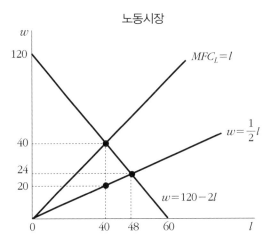

노동시장

그림에서 보는 바와 같이, 노동거래량이 40보다 더 크게 되려면, 임금은 20초과 40미만에서 설정되어야 한다. 따라서 답은 20.

11-1 동질적인 제품을 생산하는 기업 A와 B가 있으며, 기업 A의 비용함수는 $C_A = c_A q_A$이고, 기업 B의 비용함수는 $C_B = c_B q_B$이다. 여기서 $0 < c_A < c_B < 1$이다. 시장수요함수는 $q = 1 - p$이다. p는 시장가격이며, q는 시장수요량 또는 시장거래량이다. 단, $q = q_A + q_B$이다. 기업 B의 한계비용 c_B가 30% 인상된다면 기업 A와 B의 쿠르노균형 생산량은 각각 이전에 비해 얼마만큼 증가 또는 감소하는가?

답 기업 A의 수입 $R_A = (1 - q_A - q_B)\,q_A$로부터 기업 A의 한계수입은 $MR_A = \dfrac{dR_A}{dq_A} = 1 - 2q_A - q_B$이다. 기업 A의 한계비용은 $MC_A = c_A$이다. 이윤극대화 조건에 의해 $MR_A = 1 - 2q_A - q_B = c_A$이므로, 이를 q_A에 대해 정리하면 기업 A의 최적대응함수를 얻는다. $q_A = \dfrac{1}{2}(1 - q_B - c_A)$. 이와 동일한 방법으로 기업 B의 최적대응함수를 얻는다. $q_B = \dfrac{1}{2}(1 - q_A - c_B)$. 쿠르노균형은 각 기업의 최적대응함수가 동시에 만족하는 것이므로 이들을 연립하여 풀면 쿠르노균형을 얻는다. $q_A^C = \dfrac{1}{3}(1 - 2c_A + c_B)$, $q_B^C = \dfrac{1}{3}(1 + c_A - 2c_B)$. 따라서 기업 B의 한계비용 c_B가 30% 인상된다면 새로운 쿠르노균형은 $q_A^{CN} = \dfrac{1}{3}(1 - 2c_A + c_B + 0.3c_B)$, $q_B^{CN} = \dfrac{1}{3}(1 + c_A - 2c_B - 2 \cdot 0.3c_B)$. 이를 다시 쓰면 $q_A^{CN} = \dfrac{1}{3}(1 - 2c_A + c_B) + 0.1c_B$, $q_B^{CN} = \dfrac{1}{3}(1 + c_A - 2c_B) - 0.2c_B$. 그러므로 이전에 비해 q_A는 $0.1c_B$만큼 증가하고, q_B는 $0.2c_B$만큼 감소한다.

11-2 동질적인 제품을 생산하는 기업 A와 B가 있으며, 각각의 생산량을 q_A과 q_B로 표시한다. 시장거래량을 q로 표시할 때 $q = q_A + q_B$이다. 기업 A의 비용함수는 $C_A = 10 \cdot q_A$이다. 쿠르노균형에서 시장가격이 40이고, 수요의 가격탄력성이 $\dfrac{2}{3}$이라면, 기업 A의 시장점유율을 러너지수를 이용하여 구하시오.
(Hint: 시장점유율 $= \dfrac{\text{기업 } A \text{의 생산량}}{\text{시장거래량}}$)

답 러너지수는 기업의 이윤극대화를 통해 얻어진다. 기업 A의 이윤극대화 문제를 살펴보자. 기업 A의 수입은 $R_A = p(q) \cdot q_A$이다. 10장의 식 (10-2)를 이용하여 기업 A의 한계수입을 표현하면 다음과 같다.

$$MR_A = \frac{dR_A}{dq_A} = p(q) + \frac{dp(q)}{dq} \cdot \frac{dq}{dq_A} \cdot q_A$$

위 식에서 미분의 방법 중 곱의 법칙(product rule)과 연쇄법칙(chain rule)이 사용되었다. $q=q_A+q_B$이므로, $\frac{dq}{dq_A}=1$이다. 또한 수요의 가격탄력성은 $\varepsilon=-\frac{dq}{dp}\cdot\frac{p}{q}$이므로 $MR_A=p(q)\cdot(1-\frac{1}{\varepsilon}\cdot\frac{q_A}{q})$로 바꿔 표현할 수 있다. 이윤극대화 조건 $MR_A=MC_A$에 의해 $\frac{p-MC_A}{p}=\frac{1}{\varepsilon}\cdot\frac{q_A}{q}$가 된다. $\frac{q_A}{q}$는 기업 A의 시장점유율이다.

문제와 같이 시장가격이 40, 시장거래량이 60, 기업 A의 한계비용이 10이라면 기업 A의 마진율은 0.75가 된다. 수요의 가격탄력성이 $\frac{2}{3}$이므로 기업 A의 러너지수에 의해 기업 A의 시장점유율은 0.5가 된다.

11-3 동질적인 제품을 생산하는 기업이 3개가 있다. 시장수요함수는 $q=100-p$이다. p는 시장가격이며, q는 시장수요량 또는 시장거래량이다. 1번 기업부터 3번 기업의 생산량을 각각 q_1, q_2, q_3으로 표시하자. 그러면, $q=q_1+q_2+q_3=\sum_{i=1}^{3}q_i$이다. 각 기업의 고정비용은 0이며, 한계비용은 10이다.

(a) 쿠르노균형에서 각 기업의 이윤을 구하시오.

(b) 이제 1번과 2번 기업들만 담합에 참여한다고 하자. 담합에 참여한 각 기업은 동일한 양을 생산한다고 하자. 담합이 이루질 때 각 기업의 이윤이 증가하는지 검토하고, 1번과 2번 기업들만의 담합이 발생할 것인지 예측하시오.

답 (a) 기업 1의 이윤극대화 생산량 결정을 먼저 구하면 다음과 같다. 기업 1의 수입은 $R_1=(100-q_1-q_2-q_3)\cdot q_1$이다. 이로부터 기업 1의 한계수입은 $MR_1=100-2q_1-q_2-q_3$이다. 한계비용이 10이므로, 기업 1의 이윤극대화 생산량은 $q_1=45-\frac{1}{2}(q_2+q_3)$을 만족한다. 이는 기업 1의 최적대응함수이다. 본문 11.2에서 설명한 바와 같이 각 기업의 비용함수는 동일하므로 쿠르노균형에서 3개 기업의 생산량은 동일하다. 즉, $q_1^C=q_2^C=q_3^C=q_i^C$이다. 이를 기업 1의 최적대응함수에 대입하여, $q_i^C=22.5$를 얻는다. 즉, 쿠르노균형에서 각 기업은 22.5를 생산한다. 3개 기업이 있으므로 시장생산량은 67.5가 되고, 시장가격은 32.5이다. 기업 1의 이윤은 $(32.5-10)\times22.5=506.25$이며, 모든 기업의 이윤도 506.25로 동일하다.

(b) 1번과 2번 기업이 담합을 하므로 한 기업처럼 행동한다. 따라서 담합에 참여한 기업을 하나의 기업으로 간주하고 M으로 칭하자. 그러면 이 시장에서는 두 개의 기업인 3번 기업과 기업 M이 생산량 경쟁을 하게 되는 것이다. 본문 11.2의 결과에 의하면, 기업의 수가 2개이므로, 쿠르노균형에서 3번 기업과 기업 M은 각각 30을 생산한다. 이에 따라 시장거래량은 60이고, 시장가격은 40이 된다. 담합에 참여하지 않는 3번 기업의 이윤은 $(40-10)\times30=900$이다. 반면 담합에 참여하는 기업은 담합 생산량 30을 똑같이 나누어 생산하므로, 각각 15씩 생산한다. 따라서 1번과 2번 기업의 각각 이윤은 $(40-10)\times15=450$이다. 담합에 참여하지 않고 세 개의 기업이 경쟁하는 경우에 얻는 이윤인 506.25보다 작다. 따라서 세 개의 기업 중 두 개의 기업이 담합하는 상황은 발생하지 않는다.

11-4 기업 A와 B은 서로 차별화된 제품을 생산한다. 기업 A가 직면하는 수요함수는 $q_A = 1 - p_A + \frac{1}{2}p_B$이며, 기업 B가 직면하는 수요함수는 $q_B = 1 - p_B + \frac{1}{2}p_A$이다. 각 기업의 생산비용은 0이다. p_A는 A가 제시하는 가격이며, p_B는 B가 제시하는 가격이다.

(a) 두 기업이 동시에 가격을 결정하는 가격경쟁을 할 때, 균형가격과 이윤의 크기를 구하시오.

(b) 기업 A가 먼저 가격을 결정한 후 기업 B가 가격을 결정하는 경우 균형가격을 구하시오.

(c) 두 기업이 담합을 하여 두 기업의 이윤의 합을 극대화하도록 각 제품의 가격 p_A와 p_B를 동시에 결정하는 경우 균형가격과 이윤의 크기를 구하시오.

답 (a) 기업 A의 수입은 $R_A = p_A \cdot q_A = (1 - p_A + \frac{1}{2}p_B) \cdot p_A$이다. 이로부터 가격을 한 단위 증가시킬 때 얻는 기업 A의 한계수입은 $MR_A = \frac{dR_A}{dp_A} = 1 - 2p_A + \frac{1}{2}p_B$가 된다. 생산비용이 0이므로, 한계비용도 0이다. 이윤극대화 조건에 의해 기업 A의 이윤극대화 가격은 $p_A = \frac{1}{2} + \frac{1}{4}p_B$이다. 이는 기업 A의 최적대응함수이다. 동일한 방법으로 기업 B의 이윤극대화 가격을 구하면 $p_B = \frac{1}{2} + \frac{1}{4}p_A$이다. 이는 기업 B의 최적대응함수이다. 균형에서 두 기업의 최적대응함수가 동시에 만족되어야 하므로 균형가격은 $\frac{2}{3}$이다. 각 기업이 직면하는 수요함수에 의해 각 기업의 생산량은 $\frac{2}{3}$이다. 따라서 각 기업의 이윤은 $\frac{4}{9}$이다.

(b) p_A가 먼저 결정되므로 p_A는 B에게 주어진 가격이다. 이에 대응한 B의 이윤극대화 가격을 구하면 (a)에서와 동일하게 $p_B = \frac{1}{2} + \frac{1}{4}p_A$이다. A는 자신이 가격으로 p_A를 설정하면 이에 대응하여 B가 $p_B = \frac{1}{2} + \frac{1}{4}p_A$로 설정할 것을 예상한다. 이를 자신의 이윤극대화 가격 결정에 반영한다. 따라서 기업 A의 수입을 $R_A = p_A \cdot q_A = (1 - p_A + \frac{1}{2}p_B) \cdot p_A = (1 - p_A + \frac{1}{2}(\frac{1}{2} + \frac{1}{4}p_A)) \cdot p_A = (\frac{5}{4} - \frac{7}{8}p_A) \cdot p_A$로 바꿔 쓸 수 있다. 이에 따른 한계수입은 $MR_A = \frac{5}{4} - \frac{7}{4}p_A$이다. 한계비용이 0이므로 기업 A의 이윤극대화 가격은 $p_A = \frac{5}{7}$가 된다. 이에 따른 B의 이윤극대화 가격은 $p_B = \frac{19}{28}$가 된다.

따라서 균형가격은 $p_A = \frac{5}{7}$와 $p_R = \frac{19}{28}$이다.

(c) 두 기업이 담합을 하므로 두 기업의 이윤의 합을 극대화하는 가격들을 선택한다. 두 기업의 수입의 합은 $TR = R_A + R_B = p_A \cdot q_A + p_B \cdot q_B = (1 - p_A + \frac{1}{2}p_B) \cdot p_A + (1 - p_B + \frac{1}{2}p_A) \cdot p_B$이다. 제품 A의 가격을 한 단위 증가시킬 때 수입의 변화인 한계수입은 $\frac{dTR}{dp_A} = 1 - 2p_A + p_B$가 된다. 한계비용이 0이므로 이윤극대화 조건에 의해 제품 A의 이윤극대화 가격은 $p_A = \frac{1}{2} + \frac{1}{2}p_B$이다. 동일한 방법을 적용하여 제품 B의 이윤극대화 가격을 구하면 $p_B = \frac{1}{2} + \frac{1}{2}p_A$이다. 두 이윤극대화 가격이 동시에 만족되어야 하므로, 각 제품의 담합가격은 1이 된다. 각 기업이 직면하는 수요함수에 의해 각 기업의 생산량

은 $\frac{1}{2}$이다. 그러므로 담합을 통한 각 기업의 이윤은 $\frac{1}{2}$이다. 가격담합을 통해 더 높은 이윤을 얻는다.

11-5 기업 A와 B는 서로 차별화된 제품을 생산한다. 기업 A가 직면하는 수요함수는 $q_A=1-p_A+ap_B$이며, 기업 B가 직면하는 수요함수는 $q_B=1-p_B+ap_A$이다. 각 기업의 생산비용은 0이다. p_A는 A가 제시하는 가격이며, p_B는 B가 제시하는 가격이다. a는 두 기업이 생산하는 제품의 차별화 정도를 나타내는 파라미터이며, $0<a<1$이다.

(a) a가 1로 수렴할 때, 각 기업의 균형가격을 구하시오.

(b) a가 0으로 수렴할 때, 각 기업의 균형가격을 구하시오.

답 (a) 기업 A의 수입은 $R_A=p_A \cdot q_A=(1-p_A+ap_B) \cdot p_A$이다. 이로부터 가격을 한 단위 증가시킬 때 얻는 기업 A의 한계수입은 $MR_A=\dfrac{dR_A}{dp_A}=1-2p_A+ap_B$가 된다. 생산비용이 0이므로, 한계비용도 0이다. 이윤극대화 조건에 의해 기업 A의 이윤극대화 가격은 $p_A=\dfrac{1}{2}+\dfrac{a}{2}p_B$이다. 이는 기업 A의 최적대응함수이다. 동일한 방법으로 기업 B의 이윤극대화 가격을 구하면 $p_B=\dfrac{1}{2}+\dfrac{a}{2}p_A$이다. 이는 기업 B의 최적대응함수이다. 균형에서 두 기업의 최적대응함수가 동시에 만족되어야 하므로 균형가격은 $p_A=p_B=\dfrac{1}{2-a}$이다. 따라서 a가 커지면, 달리 말하면 제품차별화 정도가 커지면, 균형가격은 높아진다. a의 범위에 따라 균형가격은 $\dfrac{1}{2}$보다 크고 1보다 작다. a가 1로 수렴할 때, 균형가격은 1로 수렴한다.

(b) a가 0으로 수렴할 때, 균형가격은 $\dfrac{1}{2}$로 수렴한다.

11-6 다음은 스타켈버그모형의 변형이다. 시장수요함수는 $q=100-p$이다. p는 시장가격이며, q는 시장수요량 또는 시장거래량이다. 기업 I는 기존에 활동하고 있는 기업이다. 기존기업 I의 비용함수는 $C_I(q_I)=30q_I$이다. q_I는 기업 I의 생산량을 나타낸다. 기업 E는 시장에 진입을 꾀하는 기업이다. 기업 E가 시장에 진입하면 q_E만큼 생산한다. 기업 E의 비용함수는 $C_E(q_E)=20q_E+F$이다. F는 기업 E가 시장에 진입 시 소요되는 진입비용이다. 기업들에 의한 의사결정 순서는 다음과 같다.

의사결정 순서

Stage 1: I는 생산량 q_I를 결정한다.

Stage 2: E는 q_I를 관찰하고 진입여부를 결정한다. E는 0보다 같거나 큰 이윤이 기대되면 진입하며, 0보다 작은 이윤이 기대되면 진입하지 않는다. 진입하지 않으면 $q=q_I$가 된다. 진입하면 진입비용 F를 지출한다.

Stage 3: E가 *stage* 2에서 진입한 경우, 생산량 q_E를 결정한다. 진입하면 $q=q_I+q_E$가 된다.

(a) 기존기업 I와 진입기업 E 중 어떤 기업이 효율적인 기업인가?

(b) 기업 E가 시장에 진출한 경우, *stage* 3에서 E의 최적대응함수를 구하고, 이에 따른 극대화된 E의 이윤을 q_I와 F를 이용하여 표현하시오.

(c) *Stage* 1에서 기업 I가 먼저 생산량을 $q_I=60$으로 설정한다면, 기업 E가 진입할 수 있는 진입비용 F의 최댓값을 구하시오.

(d) $F=400$이라 하자. *Stage* 1에서 기업 I의 이윤극대화 생산량을 구하시오. 그리고 이 이윤극대화 생산량의 경제적 의미를 기술하시오.

답 (a) 기존기업 I의 한계비용은 30이고, 진입기업 E의 한계비용이 20이므로, 진입기업이 보다 효율적인 기업이다.

(b) 11.2의 스타켈버그모형에 대한 논의에 따라, 기업 E의 수입 $R_E=(100-q_I-q_E)\cdot q_E$로부터 한계수입 $MR_E=100-q_I-2q_E$가 얻어진다. 한계비용이 20이므로, 기업 E의 최적대응함수는 $q_E=40-\frac{1}{2}q_I$이다. q_I가 *stage* 1에서 이미 결정되어 있으므로, 역시장수요함수 $p=100-q_I-q_E$에 의해 시장가격은 $p=60-\frac{1}{2}q_I$이다. 따라서 기업 E의 이윤은 $\pi_E=(40-\frac{1}{2}q_I)^2-F$이다.

(c) $\pi_E=(40-\frac{1}{2}q_I)^2-F\geq0$이면 기업 E는 진입한다. $q_I=60$이므로 $\pi_E=100-F$이다. 따라서 $F\leq100$이면 진입하므로 F의 최댓값은 100이다.

(d) 기업 I의 이윤은 기업 E의 진입여부에 따라 달리 표현된다. $F=400$이므로, *stage* 1에서 기업 I가 q_I를 결정할 때 기업 E가 진입할 때 기대하는 이윤은 $\pi_E=(40-\frac{1}{2}q_I)^2-400$이다. 따라서 기업 E는 $q_I\leq40$일 때 진입하고, 그렇지 않으면, 진입하지 않는다. 이를 반영하면, 기업 I의 이윤은 자신이 선택하는 생산량에 따라 다음과 같이 표현된다.

$$\pi_I=\begin{cases}(100-q_I)q_I-30q_I & for\ q_I>40\\ (100-q_I-q_E)q_I-30q_I\\ =(60-\frac{1}{2}q_I)q_I-30q_I & for\ q_I\leq40\end{cases}$$

$q_I>40$에 대해, 기업 I의 이윤극대화 생산량은 $MR_I=100-2q_I=MC_I=30$에 의해, $q_I=35$이므로, 조건에 의해 q_I가 40에 수렴할 때, 이윤이 극대화된다. 수렴된 값 40을 기업 I의 이윤극대화 생산량이라 하자. 그러면, 기업 E는 진입하지 않고, 시장가격은 60이 된다. 이에 따라 기업 I의 극대화된 이윤은 1,200이다.

$q_I\leq40$에 대해, $MR_I=60-q_I=MC_I=30$에 의해, $q_I=30$이므로, 기업 E는 진입하여 25를 생산한다. 시장거래량은 55이므로 시장가격은 45가 된다. 이에 따라 기업 I가 얻을 수 있는 이윤은 450이다.

이상의 분석을 그래프로 나타내면 아래와 같다.

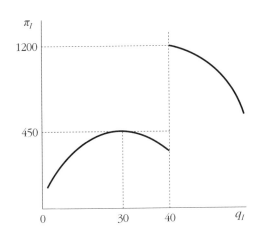

따라서 기업 I는 40을 생산하여 기업 E의 진입을 막고 이윤 1,200을 얻는다.

이 상황은 생산비용에 있어 비효율적인 기존기업이 상대적으로 효율적인 진입기업의 진입을 저지할 동기가 있음을 보여주는 것이다.

11-7 시장수요함수는 $q=120-p$이고, 시장에는 비용함수가 $C_A=q_A^2$인 하나의 가격선도자 기업 A와 동일한 비용함수 $C_i=5q_i^2$를 갖는 10개의 군소기업들이 있다.

(a) 군소기업의 시장공급함수를 구하시오.

(b) 가격선도자 기업 A가 설정하는 균형가격을 구하시오.

답 (a) 개별 군소기업의 한계비용이 $MC_i=10q_i$이므로, 가격순응자인 군소기업의 이윤극대화 생산량 결정 방식인 $p=MC_i$에 의해 개별 군소기업의 공급함수는 $q_i=\dfrac{1}{10}p$이다. 10개의 군소기업이 존재하므로 군소기업 전체의 공급함수는 $q_F=p$이다.

(b) 시장수요함수는 $q=120-p$이고, $q=q_A+q_F$이고, (a)에서 $q_F=p$이므로, 가격선도자 기업 A가 직면하는 수요함수는 $q_A=120-2p$이다. 기업 A의 수입은 $R_A=p\cdot q_A=(60-\dfrac{1}{2}q_A)\cdot q_A$이므로, 가격선도자 A의 한계수입은 $MR_A=\dfrac{dR_A}{dq_A}=60-q_A$가 된다. 기업 A의 한계비용이 $MC_A=2q_A$이므로, 이윤극대화 조건에 의해 기업 A의 이윤극대화 생산량은 20이다. 시장가격은 기업 A가 직면하는 수요함수에서 결정되므로, 50이 된다.

12

일반균형과 후생

12-1 효용함수가 $u(x, y) = x^{\frac{1}{2}} y^{\frac{1}{2}}$인 $2n$명의 소비자가 있다. 그 중에서 A 타입인 n명은 X재만 w_X만큼씩 가지고 있고, B 타입인 나머지 n명은 Y재만 w_Y만큼씩 가지고 있다. 이 교환경제에서 왈라스 법칙을 도출해보고 경쟁균형을 구하라.

답 A타입 소비자의 예산제약식은 $p_x x_A + p_y y_A = p_x w_x$이고, B타입 소비자의 예산제약식은 $p_x x_B + p_y y_B = p_y w_y$이다. 따라서 각각의 소비자의 예산제약식을 모두 더하여 각각의 재화에 대해 정리하면 다음과 같다.

$$p_x(x_A + x_B) + p_y(y_A + y_B) = p_x w_x + p_y w_A$$

따라서, 각 상품의 총수요의 시장가치의 합은 각 상품의 부존자원의 시장가치의 합과 일치한다. 위 식은 또한 다음과 같이 정리할 수 있다.

$$p_x(x_A + x_B - w_x) + p_y(y_A + y_B - w_y) = 0$$

여기서 $x_A + x_B - w_x$, $y_A + y_B - w_y$는 각각 상품 x와 상품 y의 초과수요를 나타내므로 각 상품의 초과수요 시장가치의 총합은 0이 된다. 따라서 왈라스의 법칙이 성립함을 알 수 있다.

한편 A타입 소비자의 각 상품에 대한 수요함수는 각각 $x_A = \dfrac{1}{2} \dfrac{p_x w_x}{p_x}$, $y_A = \dfrac{1}{2} \dfrac{p_x w_x}{p_y}$ 이고, B타입 소비자의 각 상품에 대한 수요함수는 각각 $x_B = \dfrac{1}{2} \dfrac{p_y w_y}{p_x}$, $y_A = \dfrac{1}{2} \dfrac{p_y w_y}{p_y}$ 이다. 일반경쟁균형에서는 각 상품시장이 청산되어야 하므로 다음의 두 식이 성립하여야 한다.

$$x_A + x_B = \frac{1}{2} \frac{p_x w_x}{p_x} + \frac{1}{2} \frac{p_y w_y}{p_x} = w_x$$

$$y_A + y_B = \frac{1}{2} \frac{p_x w_x}{p_y} + \frac{1}{2} \frac{p_y w_y}{p_y} = w_y$$

따라서, 두 식으로부터 $\dfrac{p_x}{p_y} = \dfrac{w_y}{w_x}$가 성립한다. 그러므로 일반경쟁균형은 다음과 같다.

$$\left(\left(\frac{1}{2} \frac{p_x w_x}{p_x}, \frac{1}{2} \frac{p_x w_x}{p_y} \right), \left(\frac{1}{2} \frac{p_y w_y}{p_x}, \frac{1}{2} \frac{p_y w_y}{p_y}, (w_y, w_x) \right) \right)$$

12-2 소비자 1의 효용함수는 $u_1(x_{11}, x_{21}) = \min\{2x_{11}, 3x_{21}\}$로, 소비자 2의 효용함수는 $u_2(x_{12}, x_{22}) = x_{12} + x_{22}$로 주어져 있다. 소비자 1과 소비자 2의 초기부존자원은 $w_1 = (4, 1)$, $w_2 = (1, 4)$로 주어져 있다.

(a) 에지워스 상자에 소비자 1과 소비자 2의 무차별곡선을 각각 그리시오.

(b) 소비자 1과 2의 오퍼곡선을 에지워스 상자에 그리시오.

(c) 일반경쟁균형을 구하시오.

답 (a) 소비자 1과 2의 무차별곡선은 다음 그림과 같다.

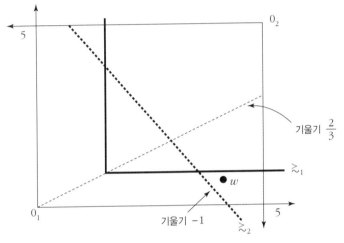

(b) 가격변화에 따른 최적 소비묶음의 변화를 나타내는 소비자의 오퍼곡선을 에지워스 상자에 그리면 다음의 그림과 같다. 단 두 상품의 가격은 모두 양수라고 가정하자. 소비자 1의 오퍼곡선은 기울기가 $\frac{2}{3}$인 직선 상의 진한 선분이며, 소비자 2의 오퍼곡선은 기울기가 -1인 점선이다.

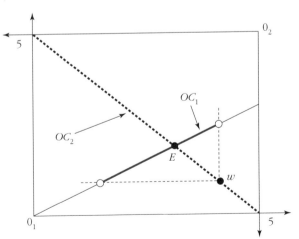

(c) 일반경쟁균형은 두 사람의 오퍼곡선이 교차하는 점이 되므로 다음과 같다.

$$(x_1, x_2, p) = ((3, 2), (2, 3), (1, 1))$$

12-3 소비자 1의 효용함수는 $u_1(x_{11},\ x_{21})=2x_{11}+x_{21}$, 소비자 2의 효용함수는 $u_2(x_{12},\ x_{22})=x_{12}+2x_{22}$로 주어져 있으며, 초기부존자원은 각각 $w_1=(\frac{1}{2},\ \frac{1}{2})$, $w_2=(\frac{1}{2},\ \frac{1}{2})$로 주어져 있다.

(a) 에지워스 상자에 소비자 1과 소비자 2의 무차별곡선을 각각 그리시오.

(b) 소비자 1과 2의 오퍼곡선 을 에지워스 상자에 그리시오.

(c) 일반경쟁균형을 구하시오.

답 (a) 소비자 1과 2의 무차별곡선은 다음 그림과 같다.

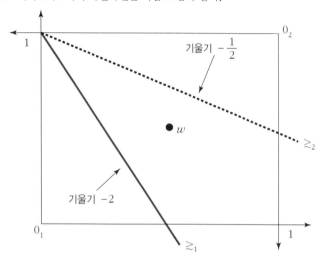

(b) 소비자 1의 오퍼곡선은 진한 실선 OC_1이며, 소비자 2의 오퍼곡선은 점선 OC_2이다.

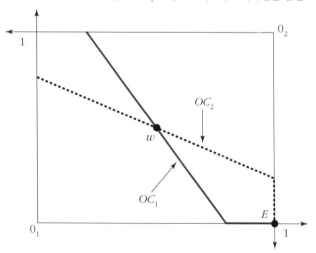

(c) 일반경쟁균형은 두 사람의 오퍼곡선이 교차하는 점이 되므로 다음과 같다.
$$\{(x_1,\ x_2,\ p)\}=((1,\ 0),\ (0,\ 1),\ (1,\ 1))$$

12-4 소비자 1의 효용함수는 $u_1(x_{11},\ x_{12}) = x^2{}_{11} x_{12}$로, 소비자 2의 효용함수는 $u_2(x_{21},\ x_{22}) = x_{21} x_{22}$로 주어져 있으며, 초기부존자원은 각각 $w_1 = (1,\ 0)$, $w_2 = (0,\ 1)$로 주어져 있다.

(a) 에지워스 상자에 소비자 1과 소비자 2의 무차별곡선을 각각 그리시오.

(b) $p_1 = 1$이라고 하자. 소비자 1과 2의 오퍼곡선을 에지워스 상자에 그리시오.

(c) 일반경쟁균형을 구하시오.

답 (a) 소비자 1과 2의 무차별곡선은 다음 그림과 같다.

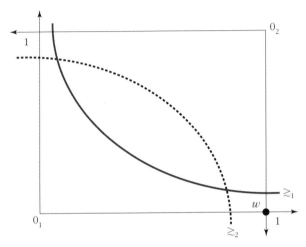

(b) 소비자 1의 효용극대화 문제는 다음과 같다.

$$\max_{x_{11},\ x_{21}}\quad x^2{}_{11} x_{21}\qquad s.t.\qquad x_{11} + p_2 x_{21} = 1$$

효용극대화의 1계조건으로부터 $x_{21} = \dfrac{1}{2p_6} x_{11}$이 되며 이를 예산제약식에 대입하면 $x_{11} = \dfrac{2}{3}$, $x_{21} = \dfrac{1}{3p_2}$이 된다. 따라서 소비자 1의 오퍼 곡선은 수직선 OC_1이 된다.

소비자 2의 효용극대화 문제는 다음과 같다.

$$\max_{x_{12},\ x_{22}}\quad x_{12} x_{22}\qquad s.t.\qquad x_{12} + p_2 x_{22} = p_2$$

효용극대화의 1계조건으로부터 $x_{22} = \dfrac{1}{p_2} x_{12}$이 되며 이를 예산제약식에 대입하면 $x_{12} = \dfrac{2}{p_2}$, $x_{22} = \dfrac{1}{2}$이 된다. 따라서 소비자 2의 오퍼곡선은 수평선 OC_2가 된다.

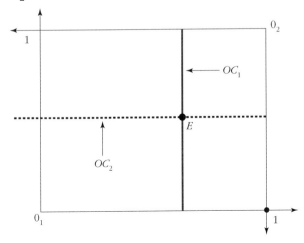

(c) 일반경쟁균형은 두 사람의 오퍼곡선이 교차하는 점이 되므로 다음과 같다.

$$(x_1, \ x_2, \ p) = \left(\left(\frac{2}{3}, \ \frac{1}{2} \right), \ \left(\frac{1}{3}, \ \frac{1}{2} \right), \ \left(1, \ \frac{2}{3} \right) \right)$$

12-5 소비자 1의 효용함수는 $u_1(x_{11}, \ x_{21}) = 3x_{11} + x_{21}$로, 소비자 2의 효용함수는 $u_2(x_{12}, \ x_{22}) = x_{12}x_{22}$로 주어져 있다. 소비자 1과 2의 초기부존자원은 각각 $w_1 = (2, \ 1)$, $w_2 = (1, \ 2)$로 주어져 있다.

(a) 에지워스 상자에 소비자 1과 소비자 2의 무차별곡선을 각각 그리시오.

(b) 소비자 1과 2의 오퍼곡선을 에지워스 상자에 그리시오.

(c) 일반경쟁균형을 구하시오.

🅐 (a) 소비자 1과 2의 무차별곡선은 다음 그림과 같다.

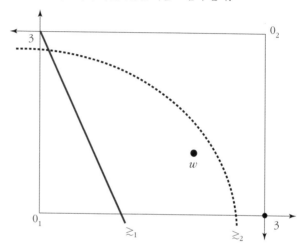

(b) 소비자 1의 오퍼 곡선은 OC_1이 된다. 소비자 2의 효용극대화 문제는 다음과 같다.

$$\max_{x12, \ x22} \ x_{12}x_{22} \quad s.t. \quad p_1x_{12} + p_2x_{22} = p_1 + 2p_2$$

효용극대화의 1계조건으로부터 $x_{22} = \dfrac{p_1}{p_2}x_{12}$이 되며 이를 예산제약식에 대입하면 $x_{12} = \dfrac{p_1 + 2p_2}{2p_1}$, $x_{22} = \dfrac{p_1 + 2p_2}{2p_2}$가 된다. 이를 이용하여 소비자 2의 오퍼곡선을 에지워스 상자에 그리면 점선 OC_2가 된다.

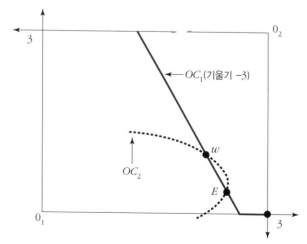

(c) 일반경쟁균형은 두 사람의 오퍼곡선이 교차하는 점이 되므로 다음과 같다.

$$(x_1, \, x_2, \, p) = ((\frac{13}{6}, \, \frac{1}{2}), \, (\frac{5}{6}, \, \frac{5}{2}), \, (3, \, 1))$$

12-6 효용함수가 $u(x, \, y) = x^{\frac{1}{2}} y^{\frac{1}{2}}$인 $2 \times n$명의 소비자 중에서 A 타입의 n명은 X재만 e_x만큼씩 가지고 있고 B타입인 나머지 n명은 Y재만 e_Y만큼씩 가지고 있는 교환경제가 있다. 이 경제가 파레토 최적일 조건을 개인들의 X재 소비량과 Y재 소비량의 비율에 대하여 구하시오.

답 (a) 소비자의 선호체계가 강볼록성을 만족하므로 파레토 최적 배분(또는 파레토 효율적 배분)은 두 타입의 소비자의 무차별곡선이 접하는 점에서 달성된다. 즉 MRS_{xy}^1 $= MRS_{xy}^2$가 성립하여야 한다. $MRS_{xy}^i = \frac{y_i}{x_i}$이므로 $\frac{y_A}{x_A} = \frac{y_B}{x_B}$가 성립한다. 또한 파레토 최적배분에서 $x_B = e_X - x_A$, $y_B = e_Y - y_A$이 성립하므로 다음 식을 얻을 수 있다.

$$\frac{y_A}{x_A} = \frac{y_B}{x_B} = \frac{e_Y - y_A}{e_X - x_A}$$

따라서, $\frac{y_A}{x_A} = \frac{y_B}{x_B} = \frac{e_Y}{e_X}$가 성립한다.

12-7 효용함수가 $u(x, \, y) = x^{\frac{1}{2}} y^{\frac{1}{2}}$인 A와 B의 두 사람으로 구성되고 X재와 Y재의 생산함수는 각각 $x = l_X^{\frac{1}{2}} k_X^{\frac{1}{2}}$, $y = l_Y^{\frac{1}{2}} k_Y^{\frac{1}{2}}$인 경제가 있다. 그리고 이 경제에 부존된 노동과 자본의 총부존량은 각각 100이다.

(a) 이 경제의 생산가능곡선을 그리시오.

(b) 생산가능곡선 상에서 $x = x_0$, $y = y_0$로 생산점을 고정시킨 상태에서 효용가능곡선을 그리고, 이를 이용하여 이 경제의 효용가능경계를 그리시오.

답 (a) 이 경제의 생산의 에지워스 상자는 가로와 세로가 모두 100이다. 이 상자 내에 두 재화의 등량곡선들을 그려보면 X재의 등량곡선과 Y재의 등량곡선은 각각 원점 0_X, 0_Y에 대한 직각쌍곡선이 된다. 따라서 생산의 계약곡선은 에지워스 상자의 원점 0_X와 0_Y를 잇는 대각선이 된다. 이 계약곡선상에 $l_X = k_X = a$인 점에서의 각 상품의 생산량은 $x = a$, $y = 100 - a$가 된다. 따라서 생산가능곡선은 $y = 100 - x$가 된다.

(b) 생산가능곡선상의 한 점 $(x_0, \, y_0)$이 생산된 상황에서의 효용가능곡선을 구해보자. 이 때 두 사람의 교환의 에지워스 상자는 가로의 길이가 x_0이고, 세로의 길이가 y_0이다. 교환의 에지워스상자에서 계약곡선은 두 사람의 한계대체율이 같은 점들이다. 교환에서도 파레토 효율성이 성립하여야 하므로 A가 $(x_A, \, y_B)$를 소비하면 B는 $(x_0 - x_A, \, y_0 - y_B)$를 소비한다. 이 때 A의 한계대체율은 $MRS_{xy}^A = \frac{y_A}{x_A}$이고 B의 한계대체율은 $MRS_{xy}^B = \frac{y_B}{x_B} = \frac{y_0 - y_A}{x_0 - x_A}$이다. 따라서 $\frac{y_A}{x_A} = \frac{y_0}{x_0}$가 되어 교환의 에지워스상자에서 계약곡선은 대각선이 된다.

계약곡선 상의 한 점 $(ax_0, \, ay_0)$, $a \in [0, \, 1]$에서 두 사람의 효용을 구해보면 $u_A = ax_0^{\frac{1}{2}} y_0^{\frac{1}{2}}$이 되고 $u_B = (1 - a)x_0^{\frac{1}{2}} y_0^{\frac{1}{2}}$이 된다. 따라서 생산점이 $(x_0, \, y_0)$로 주어진 상황에서의 효

용가능곡선은 $u_B = x_0^{\frac{1}{2}} y_0^{\frac{1}{2}} - u_A$가 된다.

12-8 A와 B의 두 사람으로 구성되어 있으며 사회후생함수가 $w = u_A^{\frac{1}{2}} u_B^{\frac{1}{2}}$인 경제가 있다. 이 경제의 효용가능경계가 $u_A + u_B = 100$일때 사회후생을 극대화하는 효용점과 극대화된 사회후생수준을 구하시오.

답 사회후생 극대화 문제는 다음과 같다.

$$\max \ u_A^{\frac{1}{2}} u_B^{\frac{1}{2}} \quad s.t. \quad u_A + u_B = 100$$

극대화의 1계조건에서 $u_A = u_B$이므로 사회후생극대화 효용점은 $(50, 50)$이 되며, 이때 사회후생 수준은 2,500이 된다.

12-9 보다(Borda) 투표제도에서는 사람들이 자신의 선호를 올바르게 표출하지 않을 유인이 존재한다. 4명의 투표자가 4가지 대안 x, y, z, v에 대해 투표하는 다음의 경우를 상정하여 보자. 각각의 투표자는 자신이 가장 선호하는 대안에 4점, 그 다음 선호하는 대안에 3점, 세 번째로 선호하는 대안에는 2점, 가장 덜 선호하는 대안에는 1점을 부여하며, 가장 많은 점수를 얻은 대안이 사회적으로 선택된다. 각각의 투표자의 참된 선호체계는(true-preference)는 다음과 같다.

1	2	3	4
z	y	z	x
v	v	v	y
y	z	y	z
x	x	x	v

(a) 보다 투표제도를 사용할 경우 사회적으로 선택되는 대안은 무엇인지를 서술하시오.

(b) 투표자 1, 2, 3은 자신의 참된 선호를 여전히 표출할 경우, 투표자 4는 자신의 선호를 참된 선호가 아닌 다른 선호를 표출함으로써 더 좋아질 수 있다. 어떤 선호를 표출하면 투표자 4에게 가장 유리한 결과를 가져오는지를 쓰시오.

답 (a) 각각의 대안이 얻는 점수는 다음과 같다. $x = 1 + 1 + 1 + 4 = 7$, $y = 2 + 4 + 2 + 3 = 11$, $z = 4 + 2 + 4 + 2 = 12$, $v = 3 + 3 + 3 + 1 = 10$. 따라서 대안 z가 선택된다.

(b) 투표자 4가 선호를 $y > x > v > z$로 표출하였다고 상정해 보자. 다른 투표자는 전과 동일하게 참된 선호를 표출하고 있으므로 각각의 대안이 얻는 점수는 $x = 6$, $y = 12$, $z = v = 11$이 된다. 따라서 이 경우는 y가 선택된다. 투표자 4는 자신의 참된 선호에서 $y > z$이므로 참된 선호보다 거짓 선호를 표출하는 것이 유리하다. 모든 사람들

이 자신의 참된 선호를 표출하는 것이 거짓 선호를 표출하는 것보다 유리한 결과를 가져오는 사회적 선호는 strategy-proofness를 만족한다고 한다. 보다 투표제는 strategy-proofness를 만족하지 못한다.

12-10 2 사람과 2 종류의 재화로 구성된 경제를 상정해 보자. 소비자 1의 효용함수는 $u_1(x_{11},\ x_{21}) = x_{11} + x_{21}$로, 소비자 2의 효용함수는 $u_2(x_{12},\ x_{22}) = \min\{x_{12},\ x_{22}\}$로 주어져 있다. 소비자 1과 소비자 2의 초기부존자원(initial endowment)은 $w_1 = (\frac{3}{4},\ \frac{1}{8})$, $w_2 = (\frac{1}{4},\ \frac{7}{8})$로 주어져 있다.

(a) 일반경쟁균형을 구하시오. 균형배분이 envy-free 배분인지 아닌지를 설명하시오.

(b) envy-free 배분을 모두 구하고, 에지워스 상자에 그리시오. 파레토 효율적이고 envy-free 배분을 모두 구하시오.

다음과 같이 소비의 외부성이 존재하는 경제를 상정해 보자. 소비자 1의 효용함수는 동일하며, 소비자 2의 효용함수는 $u_2(x_{12},\ x_{22}) = \min\{x_{12} - x_{11},\ x_{22}\}$로 주어져 있다.

(c) 파레토 효율적인 배분을 모두 구하여 에지워스 상자에 그리시오. envy-free 배분을 모두 구하여 에지워스 상자에 그리시오. 파레토 효율적이고 envy-free 배분을 모두 구하시오.

답 (a) 소비자 1의 오퍼곡선은 기울기가 -1인 굵은 직선이고 소비자 2의 오퍼곡선은 기울기가 1인 굵은 점선이다. 따라서 일반경쟁 균형은 두 소비자의 오퍼곡선이 교차하는 점이 되므로 다음과 같다.

$$(x_1,\ x_2,\ p) = \left((\frac{7}{16},\ \frac{7}{16}),\ (\frac{9}{16},\ \frac{9}{16}),\ (1,\ 1) \right)$$

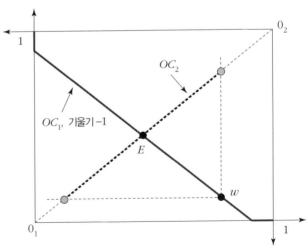

소비자 1은 자신의 소비묶음 $x_1 = (\frac{7}{16},\ \frac{7}{16})$을 소비하면 $\frac{18}{16}$만큼의 효용을 누리지만,

소비자 2의 소비묶음 $x_2 = (\frac{9}{16}, \frac{9}{16})$를 소비하면 $\frac{18}{16}$만큼의 효용을 누리므로 소비자 1은 소비자 2의 소비묶음을 더 선호한다. 따라서 일반경쟁균형 배분은 envy-free 배분이 아니다.

(b) 파레토 효율적이고 envy-free한 배분은 점 A이므로 $\left((\frac{1}{2}, \frac{1}{2}), (\frac{1}{2}, \frac{1}{2}) \right)$이다.

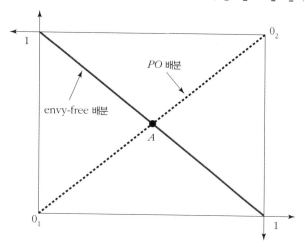

(c) 파레토 효율적 배분에서 $x_{11} + x_{12} = 1$이므로 소비자 2의 효용함수는 다음과 같다.
$u_2(x_{12}, x_{22}) = \min\{x_{12} - x_{11}, x_{22}\} = \min\{2x_{12} - 1, x_{22}\}$
따라서 파레토 효율적인 배분은 다음 그림의 기울기가 2인 굵은 직선과 에지워스 상자 상단의 굵은 수평선이 된다.

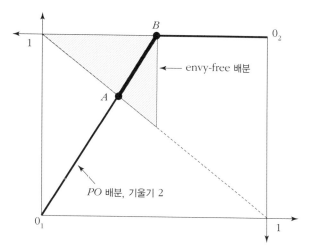

소비자 1이 소비자 2의 소비묶음을 더 선호하지 않으려면 $x_{11} + x_{12} \geq 1$을 만족하여야 하며, 소비자 2가 소비자 1의 소비묶음을 더 선호하지 않으려면 $x_{12} \geq \frac{1}{2}$, $x_{22} \geq 0$을 만족하여야 한다. 따라서 이 조건을 모두 만족하는 envy-free 배분은 위 그림의 빗금 친 삼각형 영역이 된다. 그러므로 파레토 효율적이고 envy-free한 배분은 그림에서 굵은 선분 AB가 된다.

13

외부효과와 공공재

13-1 담배시장은 완전경쟁적이다. 주어진 시장가격 p에 대한 시장수요는 $q=90-p$ 이고, 시장공급은 $q=p-20$이다. E는 담배시장에 참여자는 아니나, 담배 거래량 q로부터 $10q$의 편익 감소를 겪는다. 즉, 담배시장에서 거래는 E에게 부정적 외부효과를 가져온다.

(a) 시장 균형거래량을 구하시오.

(b) 효율적 거래량을 구하시오.

(c) 담배에 피구세를 부과하고자 한다. 효율적 거래량을 유도하기 위한 단위당 피구세를 구하시오.

답

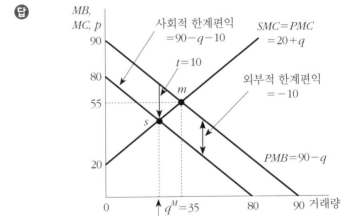

(a) 사적 한계편익=사적 한계비용 → $q^M=35$

(b) 외부적 한계편익=-10. 사회적 한계편익=사회적 한계비용 → $q^S=30$

(c) 효율적 거래량에서 외부적 한계편익만큼을 단위당 피구세로 부과 → $t=10$

13-2 긍정적 외부효과의 전통적 예인 양봉장과 과수원에 대한 것이다. 사과 시장에 가격수용자인 1명의 소비자와 1개의 과수원이 있다. 시장가격 p로 소비자가 q개를 구매하면 $B(q)=90q-\frac{1}{2}q^2$의 편익(benefit)을 얻고 pq를 지출한

다. 과수원은 q개를 생산하면 $\pi = pq - C(q)$의 이윤을 얻는다. 여기서 $C(q) = 20q + \frac{1}{2}q^2$이다. 사과 생산량 q에 대해 과수원 옆 양봉장 E의 비용은 $2q + \frac{1}{4}q^2$만큼 감소한다.

(a) 시장 균형거래량을 구하시오.

(b) 효율적 거래량을 구하시오.

(c) 사과생산에 보조금을 지급하고자 한다. 효율적 거래량을 유도하기 위한 사과 단위당 보조금액을 구하시오.

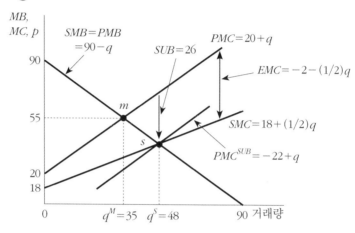

(a) 사적 한계편익=사적 한계비용 → $q^M = 35$

(b) 외부적 한계편익$=-2-\frac{1}{2}q$. 사회적 한계편익=사회적 한계비용 → $q^S = 48$

(c) 효율적 거래량에서 외부적 한계비용만큼을 단위당 보조금으로 부과 → $SUB = 26$

13-3 정유제품 시장가격은 7이다. 가격수용자인 미시정유회사의 비용함수는 $C(q) = 1 + 2q^2$이다. 그런데 미시정유회사가 q만큼 생산하면, 인근 거시세탁회사의 비용을 $q + q^2$만큼 증가시킨다. 그런데 매연방지시설이 설치된다면 거시세탁회사의 비용은 전혀 증가하지 않는다. 다만, 매연방지시설의 설치비용은 2이다.

(a) 효율적 생산량을 구하시오.

(b) 아무런 규제가 없는 경우 미시정유회사의 이윤극대화 생산량과 사회후생을 각각 구하시오.

(c) 거시세탁회사에게 재산권이 부여되었다고 하자. 거래비용은 0이다. (i) 매연방지시설은 설치되는가? (ii) 사회후생을 구하시오.

답 (a) 시장가격이 7이므로, $PMB = SMB = 7$. $PMC = 4q$.

(i) 매연방지시설을 설치하지 않는 경우, $EMC = 1 + 2q$. $SMC = 4q + 1 + 2q$. → $q = 1$.

미시의 이윤$= 7 \times 1 - (1+2) = 4$

거시의 비용=2

사회후생=미시의 이윤-거시의 비용=4-2=2.

(ii) 매연방지시설을 설치하는 경우, $EMC=0$. $SMC=4q$. $\rightarrow q=\dfrac{7}{4}$.

미시의 이윤=$7\times\dfrac{7}{4}-(1+2\,(\dfrac{7}{4})^2)=\dfrac{41}{8}$

거시의 비용=0

설치비용=2

사회후생=$\dfrac{25}{8}$.

⇒ 매연방지시설을 설치하는 것이 효율적. 따라서 효율적 생산량은 $\dfrac{7}{4}$.

(b) 미시의 이윤=$7q-1-2q^2$. 한계수입=7. 한계비용=$4q$. $\rightarrow q^M=\dfrac{7}{4}$.

미시의 이윤=$\dfrac{41}{8}$

거시의 비용=$\dfrac{77}{16}$

사회후생=$\dfrac{5}{16}$

(c) (i) 매연방지시설을 설치하지 않은 경우, 미시정유회사의 거시세탁회사에 대한 보상으로, 미시정유회사의 사적 한계비용은 $4q+1+2q$가 된다. 이는 사회적 한계비용과 동일하다. 따라서 $q=1$이 유도되고, 미시정유회사의 이윤=$7\times1-(1+2+1+1)=2$. 만약 미시정유가 매연방지시설을 설치하는 경우, 미시정유는 거시세탁에 보상할 필요 없어, $q^M=\dfrac{7}{4}$을 생산한다. 이 경우 미시정유회사의 이윤은 (a)에서 구한 사회후생의 크기인 $\dfrac{25}{8}$와 동일하다. 따라서 미시정유회사는 매연방지시설을 설치를 통해 더 높은 이윤을 얻으므로, 매연방지시설을 설치한다. (ii) 사회후생=$\dfrac{25}{8}$.

13-4 한 사회에 미시와 경제 두 사람만 있다고 하자. 미시는 5층 규모의 건물을 보유하고 있으며, 건물의 가치는 애초에 105이다. 경제는 미시의 건물 근처에 10층 규모의 건물을 지으려 한다. 경제의 건물은 미시의 건물에 가까울수록 가치가 증가하는 반면, 미시의 건물 가치는 경제의 건물이 가까울수록 햇볕을 받지 못해 가치가 하락한다고 한다. 이는 다음의 표와 같이 나타난다. 총가치는 독자들이 구하여 적용하시오.

두 건물의 간격	10	20	30	40	50
미시의 건물 가치	50	85	95	102	105
경제의 건물 가치	100	88	76	65	58
총가치					

(a) 효율적인 건물의 간격을 구하시오.

(b) 아무런 규제가 없는 경우, 건물의 간격을 구하시오.

(c) 미시와 경제의 거래비용이 0이고, 경제에게 재산권이 부여되었다고 하자. 이를 통해 유도되는 건물의 간격을 구하시오.

(d) 미시에게 일조권이 부여되어 경제는 건물 간격을 50이상 유지해야 한다고 하자. 경제가 건물을 짓는다면, 건물의 간격을 구하시오.

답 (a) 총편익이 173으로 가장 큰 20이다.

(b) 경제의 건물 가치가 가장 큰 10이다.

(c) 아래 표는 10에서 출발하여 건물 간격이 10씩 늘어날 때 보상액의 흐름과 이에 따른 미시의 실질 건물 가치의 흐름을 보여준다. 따라서 건물의 간격은 20이 된다.

두 건물의 간격	10	20	30	40	50
미시의 건물 가치	50	85	95	102	105
미시의 보상액	0	12	24	35	42
미시의 실질 건물 가치	50	73	71	67	63

(d) 아래 표는 50에서 출발하여 건물 간격이 10씩 감소할 때 보상액의 흐름과 이에 따른 경제의 실질 건물 가치의 흐름을 보여준다. 따라서 건물의 간격은 20이 된다.

두 건물의 간격	10	20	30	40	50
경제의 건물 가치	100	88	76	65	58
경제의 보상액	35	10	7	3	0
경제의 실질 건물 가치	65	78	69	62	58

13-5 이 문제는 예 13-1의 변형이다. 기업이 가격수용자가 아닌 가격설정자이다.

> 시장가격 p로 소비자가 q개를 구매하면 편익(benefit) $B(q) = 90q - \frac{1}{2}q^2$을 얻고 pq를 지출한다. 독점기업은 q개를 생산하면 $\pi = p(q)q - C(q)$의 이윤을 얻는다. 여기서 $C(q) = 20q + \frac{1}{2}q^2$이다. 플라스틱컵 생산을 위한 공해배출로 플라스틱컵 시장에 참여하지 않는 주체인 E의 비용 증가를 유발한다. 구체적으로, 플라스틱컵 거래량이 q일 때, E의 비용은 $C_E(q) = 10q + \frac{1}{2}q^2$이다. 즉, 플라스틱컵 거래는 E에게 부정적 외부효과를 유발한다.

(a) 시장 균형거래량을 구하시오.

(b) 효율적 거래량을 구하시오.

(c) 플라스틱컵에 피구세를 부과하고자 한다. 독점기업으로 하여금 효율적 거래량을 유도하기 위한 한 단위당 피구세를 구하시오.

답 (a) 소비자의 순편익 극대화를 통해 플라스틱컵 수요함수는 $p = 90 - q$. 독점기업의 이윤극대화 생산량은 $MR(q) = MC(q)$를 충족해야 한다. $MR(q) = 90 - 2q = MC(q) =$

$20+q. \rightarrow q^* = \dfrac{70}{3}$

(b) 외부적 한계비용 $= 10+q$. 사회적 한계편익 $= 90-q =$ 사회적 한계비용 $= 30+2q \rightarrow$ $q^{**} = 20$

(c) 단위당 피구세를 t라 할 때, 독점기업의 이윤 $\pi = p(q)q - C(q) - tq$.

이윤극대화 조건을 만족하는 생산량

$\rightarrow MR = 90-2q, MC^T = 20+q+t \rightarrow q^T = \dfrac{70-t}{3}$

$\rightarrow q^{**} = 20$를 만족하는 $t = 10$

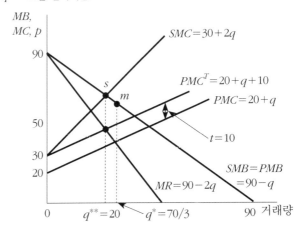

13-6 다음과 같이 공공재가 존재하는 경제를 상정해 보자. x는 공공재의 양을 나타내며, y_i는 소비자 i가 소비하는 사적 재화(private good)의 양을 나타낸다. 소비자 1의 효용함수는 $u_1(x, y_1) = a\ln x + y_1$로 표현되며, 소비자 2의 효용함수는 $u_2(x, y_2) = b\ln x + y_2$로 표현된다. $a, b > 0$이라고 가정하자. 사적 재화 한 단위를 사용하여 공공재 한 단위를 생산할 수 있다고 가정하자. 공공재의 효율적 수준의 공급량 x^*를 구하시오.

답 사적 재화 한 단위를 사용하여 공공재 한 단위를 생산할 수 있으므로, $MRT = 1$.

소비자 1의 공공재 소비를 통한 한계효용 $\dfrac{du_1}{dx} = \dfrac{a}{x}$.

소비자 1의 사적재 소비를 통한 한계효용 $\dfrac{du_1}{dy_1} = 1$.

$\rightarrow$ 소비자 1의 $MRS^1 = \dfrac{a}{x}$

참고로, $\dfrac{d\ln x}{dx} = \dfrac{1}{x}$이다.

같은 방법을 적용하면, 소비자 2의 $MRS^2 = \dfrac{b}{x}$

따라서 효율적 수준의 공공재 공급량은 $MRS^1 + MRS^2 = MRT$을 만족하여야 하므로, $\dfrac{a}{x} + \dfrac{b}{x} = 1. \rightarrow x^* = a+b$.

13-7 이 문제는 예 13-3의 변형이다. 한계비용이 우상향한다.

> 한 마을에 주민 1과 2가 있다. 이들은 불꽃놀이를 즐기려 한다. q를 불꽃놀이 양이라 할 때, 주민 1의 한계편익은 $MB_1(q)=100-q$이고, 주민 2의 한계편익은 $MB_2(q)=100-2q$이다. 불꽃놀이 생산을 위한 한계비용은 $MC(q)=40+q$이다.

(a) 불꽃놀이가 공공재라면 효율적 수준의 공급량을 구하시오.
(b) 불꽃놀이가 사적재라면 시장을 통해 주민 1과 2가 각각 구매하는 수요량을 구하시오.

(a) 효율적 수준의 공공재 공급량

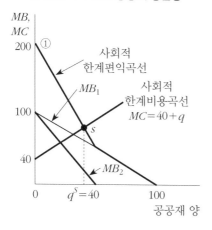

(b) 시장 균형공급량

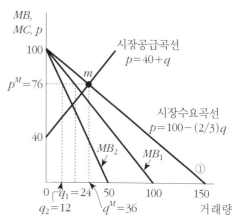

답 (a) 사회적 한계편익은 $SMB(q)=MB_1(q)+MB_2(q)$이다. 구체적으로, 생산량이 50 이하에서는 $SMB(q)=200-3q$이고, 50을 초과하는 경우에는 $SMB(q)=100-q$이다. 그림 (a)에서 바깥쪽 사회적 한계편익 곡선(①번)이다. 사회적 한계편익곡선과 한계비용곡선이 교차하는 S에서 효율적 수준의 공급량 $qS=40$이 얻어진다.

(b) 주어진 시장가격 p에 대한 주민 1과 2의 개별수요는 각각의 한계편익과 일치하므로, $p=100-q_1$과 $p=100-2q_2$를 만족한다. 여기서 q_1은 주민 1의 수요량, q_2는 주민 2의 수요량을 나타낸다. 주어진 시장가격 p에 대한 시장 전체 수요량은 $q=q_1+q_2$이므로, 시장수요함수는 $q=150-\frac{3}{2}p$가 된다. 이를 역으로 바꿔 쓰면, $p=100-\frac{2}{3}q$이다. 그림 (b)에서 보는 바와 같이, 바깥쪽 직선(①번)인 시장수요곡선은 개별수요곡선의 수평합이다. 불꽃놀이의 한계비용은 $MC(q)=40+q$로 시장공급곡선이다. 그러면 시장수요곡선과 시장공급곡선이 교차하는 점 m에서 균형이 이루어져, 시장 균형거래량 $q^M=36$이고 균형가격 $p^M=76$이 얻어진다. 그리고 균형가격 $p^M=76$을 통해 주민 1과 2는 각각 24와 12만큼 소비한다.

13-8 행복도시에 환경오염을 유발하는 공장 하나가 있다. 현재 공장의 오염 배출량은 50이다. 행복도시에는 총 100명의 시민이 살고 있는데 이들은 오염이 줄어들면 편익을 얻는다. 오염 배출 감소량이 q일 때 주민 한 명이 얻는 편익은 $B(q) = \frac{1}{2}q - \frac{1}{200}q^2$이다. 오염 배출 감소는 공공재로서, 모든 주민이 동일한 편익을 얻는다. 한편, 공장은 비용을 부담하여 오염을 줄일 수 있다. 오염 배출 감소량 q에 대해 공장이 지출하는 비용은 $20q + \frac{1}{2}q^2$이다.

(a) 행복도시 전체, 즉 사회적 관점에서 효율적 오염 배출 감소량을 구하시오.

(b) 행복도시 정부는 (a)의 효율적 오염 배출 감소량을 유도하기 위해 공장에게 오염 배출 감소량 한 단위에 대해 s의 보조금을 지급하고자 한다. 균형에서 오염 배출 감소량 한 단위에 대한 보조금을 s^*라 하고 사회후생의 크기를 W^*라 할 때, $s^* + W^*$를 구하시오.

(c) 행복도시 정부는 공장에게 오염을 배출할 수 있는 권리(=오염 배출권)를 부여하였다고 하자. 시민과 공장 간에 오염 배출권의 거래가 오염 배출 감소량 한 단위에 대해 p의 가격으로 자유롭게 이루어진다고 하자. 균형에서 오염 배출권 가격을 p^*라 하고 오염 배출 감소량을 q^*라 할 때, $p^* + q^*$를 구하시오.

답 (a) 오염 배출 감소를 통한 사회후생=사회적 편익−사회적 비용

사회후생극대화를 위해 (사회적 한계편익=사회적 한계비용)이 만족되는 오염 배출 감소량을 구한다.

① 오염 배출 감소를 통한 시민 전체의 편익

시민 전체 편익은 사회적 편익(social benefit; SB)이므로

$$SB(q) = 100B(q) = 50q - \frac{1}{2}q^2 \rightarrow SMB(q) = 50 - q.$$

오염 배출 감소는 공공재이므로 개별 시민의 한계편익의 합이 사회적 편익이 된다.

$$MB(q) = \frac{1}{2} - \frac{1}{100}q \rightarrow SMB(q) = 100MB(q) = 50 - q.$$

② 오염 배출 감소를 위한 사회적 한계비용

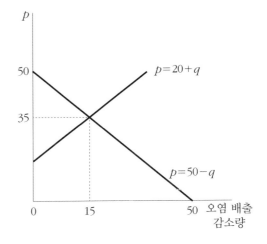

$SMC(q)=20+q \rightarrow q^{**}=15$　　답: 15

(b) ① s^* 구하기

보조금에 의한 공장의 비용 $C^S(q)=20q+\dfrac{1}{2}q^2-sq$

비용극소화 $\dfrac{dC^S}{dq}=20+q-s=0$

$\rightarrow q^S=s-20$

$\rightarrow$ for $q^{**}=15=q^S,\ s^*=35$

② W^* 구하기

(오염 배출 감소를 통한 사회후생=사회적 편익−사회적 비용)인데,

$W(q)=SB(q)-C^S(q)-sq=\left(50q-\dfrac{1}{2}q^2\right)-\left(20q+\dfrac{1}{2}q^2-sq\right)-sq=30q-q^2$

$W^*(q^{**}=15)=30\times15-(15)^2=225$　　답: 260

(c) ① 개관

공장은 오염 배출권을 부여받았으므로, 현재 50의 오염 배출량에 대해 아무런 제약이 없음. 따라서 공장은 오염 배출 감소에 대한 유인(incentive)이 전혀 없으므로, 50의 오염을 배출하고자 함.

한편, 시민은 오염 배출 감소를 통해 편익을 얻을 수 있으므로, 공장에게 오염 배출 감소를 요구할 유인이 있음. 그런데 그러한 요구를 하기 위해서는 오염 배출권을 공장으로부터 구매하여야 함.

오염 배출권이 단위당 p의 가격으로 거래가 된다면....

② 시민이 원하는 오염 배출 감소량

시민의 효용함수 $u(q)=SB(q)-pq$

효용극대화 $\dfrac{du}{dq}=SMB(q)-p=50-q-p=0 \rightarrow q=50-p$

③ 공장이 원하는 오염 배출 감소량

공장의 비용 $C^p(q)=20q+\dfrac{1}{2}q^2-pq$

비용극소화 $\dfrac{dC^p}{dq}=20+q-p=0 \rightarrow q=p-20$

④ 균형

시민이 원하는 오염 배출 감소량=공장이 원하는 오염 배출 감소량

$50-p=p-20 \rightarrow p^*=35 \rightarrow q^*=15$　　답: 50

14

비대칭정보

14-1 자동차회사는 어떤 부품에 대해서는 보증기간을 5년으로 하지만 어떤 부품은 1년으로 한다. 그 이유는 무엇인가?

답 소비자가 자동차를 어떻게 관리하느냐에 의하여 부품의 수명이나 고장 가능성이 크게 영향을 받는 경우에는 소비자의 도덕적 해이를 줄이기 위하여 보증기간을 짧게 둔다.

14-2 최근 많은 기업들이 직원들에게 현금 대신 그 기업의 주식을 보너스로 제공한다. 기업은 어떤 효과를 기대하는가? 그리고 이러한 보상방식은 직원에게 유리한 것인가?

답 기업의 성과는 직원들이 얼마나 노력하는지에 의해 영향을 받으며, 그 성과는 주가에 반영된다. 따라서 주식을 받는 경우 직원들은 자신의 주식 가치를 높이기 위하여 더 열심히 일한 인센티브를 가진다. 하지만 주가는 직원의 노력 이외에 여러 외생적 요인에 의해서도 영향을 받으며 그로 인한 위험성을 직원이 부담하게 된다. 직원의 위험기피성향이 크다면 현금을 받는 것이 더 나을 수도 있다.

14-3 기업의 경영자에 대한 보상을 동종업종에 있는 다른 기업의 성과에 연계하는 것은 어떤 장점이 있겠는가?

답 한 기업의 성과는 그 기업의 경영자가 얼마나 경영을 잘 하였는지 뿐 아니라 거시경제동향 등 여러 외생적 요인에 의해 영향을 받는다. 동종업종에 속하는 기업들은 외생적 요인이 유사할 것이므로 경영자 보수를 다른 기업과의 성과 차이에 연계시키면 경영자가 부담하는 위험을 줄일 수 있다.

14-4 정부가 기업의 가격을 규제하는 경우, 가격을 경제적 비용과 항상 일치하도록 선택하는 방식은 어떤 비효율성을 초래할 수 있는가?

답 정부는 관측된 비용에 근거하여 가격을 정한다. 비용은 여러 요인에 의해서 영향을 받지만 기업이 비용절감을 위해서 얼마나 노력하였는지에 의해서도 영향을 받는다. 기업이 노력을 하여 비용이 낮아지면 가격이 낮아지고 노력을 게을리 하여 비용이 높아지면 가격이 높아진다. 따라서 기업은 비용을 줄이려는 노력을 하지 않는 도덕적 해이가 발생하고 그 결과 비용이 높아지는 생산적 비효율성이 초래될 수 있다.

14-5 본문의 주인-대리인 문제에서 $R(e) = 2\sqrt{e}$, $C(e) = \dfrac{1}{2}e^2$일 때 총잉여를 극대화 하는 최적의 노력 e^*를 구하시오. 그리고 $w(R) = aR - S$인 임금계약을 체결한 대리인이 선택하는 노력은 얼마인가?

답 $R'(e) = C'(e)$로부터 $e^* = 1$. 대리인은 $aR(e) - C(e)$를 극대로 하는 노력을 선택한 다. 1계 조건으로부터 대리인이 선택하는 노력은 $a^{\frac{2}{3}}$이다. a값이 작을수록 노력이 줄 어든다.

행동경제학

15-1 김 과장의 가치함수는 이득의 경우(즉, $x \geq 0$), $v(x) = \sqrt{\dfrac{x}{3}}$ 이고, 손실의 경우 $(x < 0)$, $v(x) = -3\sqrt{-x}$ 이다.

(a) 김 과장은 회사에서 48만원의 보너스를 받고, 오랜 친구가 27만원 빌려 간 돈을 갚았다. 둘 다 예상하지 못한 것이었다. 두 이득을 합한다면 총 가치는 얼마인가? 두 이득을 분리한다면 총 가치는 얼마인가? 둘 중 무엇이 더 나은가?

(b) 김 과장은 집에 오는 길에 48만원의 현금을 잃어버렸다는 것을 알았다. 또 수도가 고장이 나서 수리하는데 27만원이 들었다. 두 손실은 합하는 것이 나은가, 나누는 것이 나은가?

답 (a) 합할 때 가치는 5, 나눌 때 가치는 7이므로 나누는 것이 낫다.

(b) 합할 때 가치는 약 26, 나눌 때 약 36이므로 합하는 것이 낫다.

15-2 아래와 같은 도박에서, E와 F 중에서 F를 선택하고, G와 H 중에 G를 선택하는 사람의 경우에는 기대효용가설이 성립하지 않음을 보이시오.

	상금과 확률	
E	6백만원, 0.45	0원, 0.55
F	3백만원, 0.9	0원, 0.1
G	6백만원, 0.001	0원, 0.999
H	3백만원, 0.002	0원, 0.998

답 E보다 F를 선호하였으므로 다음의 부등식이 성립한다.

$0.9u(3) + 0.1u(0) > 0.45u(6) + 0.55u(0)$

$0.9u(3) > 0.45u(6) + 0.45u(0)$

$2u(3) > u(6) + u(0)$

$0.002u(3) > 0.001u(6) + 0.001u(0)$

$0.002u(3) + 0.998u(0) > 0.001u(6) + 0.999u(0)$

따라서 H를 G보다 선호해야 한다.

15-3 영희는 가치함수가 이득의 경우에는 $v(x) = \sqrt{\dfrac{x}{2}}$ 이고, 손실의 경우에는 $v(x) = -2\sqrt{-x}$ 이다.

a. 우선 100만원이 받는다. A 옵션은 50%의 확률로 100만원을 더 벌 수 있다. B 옵션은 50만원을 확실히 더 번다. 영희는 A 와 B 중 어느 것을 선택하겠는가?

b. 이번에는 200만원을 받는다. C 옵션은 50% 확률로 100만원을 잃는다. D 옵션은 확실히 50만원 잃는다. 영희는 C 와 D 중에서 어느 것을 선택하겠는가?

답 네 옵션의 기대가치는 아래와 같다. A와 B 중에 B를 선택하고, C와 D 중에 C를 선택한다.

A	3.5
B	5
C	-10
D	-14.1

15-4 박 사장이 암검사를 받을지를 고민하고 있다. 현재는 시점 0이고, 시점 1에 검사를 받을지 안 받을지를 선택한다.

옵션 a: 시점 1에 검사를 받고(효용은 0), 시점 2에 건강하다.(효용은 18)

옵션 b: 시점 1에 검사를 안받고(효용은 6), 시점 2에 건강하지 못하다.(효용은 0)

(a) 박 사장의 시간선호는 지수할인을 따르며 할인인자 $\delta = \dfrac{2}{3}$ 이다. 시점 0에 두 옵션 중에 어느 것을 선호하는가? 시점 1에는 어느 것을 선호하는가?

(b) 이번에는 박 사장이 준쌍곡선할인을 따르며, $\beta = \dfrac{1}{6}$이고 $\delta = 1$ 이다. 시점 0에 어느 옵션을 선호하는가? 시점 1에는 어떠한가?

답 (a) 각 시점에 각 옵션의 현재가치 합은 아래와 같다. 시점 0과 시점 1 모두에서 a가 선호된다.

	시점 0	시점 1
a	8	12
b	4	6

(b) 각 시점에 각 옵션의 현재가치 합은 아래와 같다. 시점 0에는 a를 선호하지만 시점 1이 되면 b를 선호한다.

	시점 0	시점 1
a	1.8	1.8
b	0.6	6

15-5 동네 극장에서 앞으로 4주 동안 매주 서로 다른 영화를 상영한다. 4개의 영화는 평론가들의 평가에 따르면 각각 등급 0에서 3까지 받았다. 등급이 높을수록 수준이 높다. 재석이는 영화를 좋아해서 4개의 영화를 모두 보고 싶은데 가진 돈에 여유가 없어서 4개 중에 3개만 볼 수 있다. 4개 중에 어느 것을 포기할지를 선택해야 한다. 이번 주(시점 0)에는 등급 0의 영화를 상영하며 이 영화를 관람하면 재석이의 효용은 $u_0=3$을 얻는다. 다음 주(시점 1)에는 등급 1의 영화를 상영하며 효용은 $u_1=5$ 이다. 그 다음 주(시점 2)에는 등급 2의 영화를 상영하며 효용은 $u_2=8$ 이고 그 다음 주에는 등급 3의 영화를 상영하고 효용은 $u_3=13$ 이다. 재석이는 $\beta-\delta$ 할인을 따른다.

(a) $\delta=1$, $\beta=1$이라 하자. 즉, 재석이는 지수할인을 따른다. 시점 0에 어느 영화를 포기하는 것이 가장 좋은가?

(b) $\delta=1$, $\beta=0.5$ 이라 하자. 즉, 현재편향을 가진다. 재석이는 순진한(naive) 타입이라 하자. 시점 0에 어느 영화를 포기하겠는가? 시점 0에 영화를 관람했다면 시점 1에는 어느 영화를 포기하는가? 시점 0과 1에 영화 관람했다면 시점 2에는 어느 영화를 포기하는가? 결국은 어느 영화를 포기하게 되는가?

(c) $\delta=1$, $\beta=0.5$ 이고, 재석이가 세련된(sophisticated) 타입이라 하자. 재석이는 어느 시점의 영화를 포기하겠는가?

답 (a) $\delta=1$, $\beta=1$ 일 때, 각 옵션의 현재가치 합은 다음과 같으므로 시점 0의 영화를 포기한다.

	시점 0
시점 0 포기	26
시점 1 포기	24
시점 2 포기	21
시점 3 포기	16

(b) $\delta=1$, $\beta=0.5$ 일 때 각 시점에서의 현재가치 합은 아래와 같다. 시점 1의 열은 시점 0에 영화 관람을 한 경우 시점 1의 각 선택에 대한 현재가치 합을 의미한다. 시점 2 열은 시점 0과 1에 영화 관람을 한 경우 시점 2의 각 선택에 대한 현재가치 합을 의미한다.

	시점 0	시점 1	시점 2
시점 0 포기	13		
시점 1 포기	**13.5**	10.5	
시점 2 포기	12	**11.5**	6.5
시점 3 포기	9.5	9	**8**

재석이가 순진한 타입인 경우 시점 0에는 시점 1 영화를 포기하기로 하고 영화를 관람한다. 시점 1이 되면 시점 2에 영화를 포기하는 것이 더 낫다. 따라서 영화를 관람한다. 시점 2가 되면 시점 3의 영화를 포기하는 것이 더 낫다. 따라서 영화를 관람하고 결국 마지막 시점 3 영화를 포기한다. 시점 0의 관점에서 보면 현재가치 합이 가장 낮은 옵션을 선택하게 된다.

(c) 재석이가 세련된 타입인 경우에는 미래에 선호가 바뀐다는 사실을 감안한다. 시점 0과 1에 영화 관람을 하면 시점 2에 시점 3의 영화를 포기한다는 것을 예상하므로 시점 2의 영화를 포기하는 옵션은 실현가능하지 않다. 따라서 시점 0에 영화 관람을 하고 시점 1이 되었을 때 재석이는 시점 1 영화를 포기한다.(10.5>9) 이것을 예상하고 시점 0에 시점 1 영화를 포기하기로 한다. 결과적으로 시점 0에 가장 높은 가치의 옵션을 실행하게 된다.

저자 약력

■ 이경원

서울대학교 경제학과
University of Wisconsin-Madison 경제학 박사
정보통신정책연구 편집위원장
정보통신정책연구원 연구위원
산업조직연구 편집위원장
정보통신정책학회 부회장
공정거래위원회 경쟁정책 자문위원
현, 동국대학교 경제학과 교수

[주요 저서와 논문]
- "Handset Subsidy Regulation, Replacement of Handsets, and Quality Investments," *Korean Economic Review*, 30, 2014 외 논문 다수.

■ 이상규

서울대학교 경제학과
University of Rochester 경제학 박사
정보통신정책연구원 연구위원
방송통신융합추진위원회 전문위원
공정거래위원회 경쟁정책 자문위원
한국산업조직학회, 정보통신정책학회, 한국방송학회의 이사, 편집위원 등
정보통신정책연구 올해의 논문상 수상(2011)
정보통신부 장관상 수상
현, 중앙대학교 경제학부 교수

[주요 저서와 논문]
- 「정보통신정책핸드북제1권」, 법영사, 2005. (공저)
- 「법경제학-이론과응용II」, 도서출판해남, 2013. (공저)
- "Allocation Problem among Sharing Groups," *Games and Economic Behavior* 54, 2006 외 논문 다수.

■ 정인석

서울대학교 경제학과
Princeton University 경제학 박사
한국산업조직학회 회장(2016)
한국바이오경제학회 회장(2017~2021)
공정거래위원회 공정거래정책자문단 자문위원(2023)
홍조근정훈장 수상(2023)
현, 한국외국어대학교 경제학부 교수

[주요 저서와 논문]
- "Costly Information Disclosure in Oligopoly," *The Journal of Industrial Economics*, 2004 (with J. Kim) 외 논문 다수.

미시경제학 연습문제 해답집

2023년 8월 20일 초판 인쇄
2023년 8월 31일 초판 발행

편 저 이경원 · 이상규 · 정인석

발행인 배　　효　　선

발행처 도서
출판 **法 文 社**

주 소　10881　경기도 파주시 회동길 37-29
등 록　1957년 12월 12일 / 제2-76호(윤)
TEL　(031) 955-6500~6 FAX (031) 955-6525
e-mail (영업) bms@bobmunsa.co.kr
　　　(편집) edit66@bobmunsa.co.kr

홈페이지　http://www.bobmunsa.co.kr

조 판　(주) 성 지 이 디 피

정가 4,000원　　　ISBN 978-89-18-91438-1